100円からはじめる
“ほったらかし投資”入門

初めての人のための
資産運用ガイド

図解 ハンディ版

株式会社資産デザイン研究所
代表取締役社長
内藤忍

Discover

はじめに

誰でもできる将来のお金の不安を解消する具体的な方法を教えます！

読者の皆さま、はじめまして。講演、セミナー、書籍やコラム連載などを通じて、お金に関する将来の不安を解消する仕事をしている内藤忍と申します。お金のアドバイスをする人はたくさんいますが、私がお伝えしている資産運用の方法は、アセットアロケーション（資産配分）から考えるリスクを抑えた手法です。短期で大きな利益を狙うギャンブルのようなやり方ではなく、**長期で着実に資産を守り、増やそうというのが特徴**です。

また、本書でご紹介する手法は「人体実験」と称し、私自身の個人資産でも30年近く実践しています。実際に資産を長期で順調に増やすことができました。だから、**誰にでも実践できる運用方法**として、自信を持っておすすめできます。

お金に関する書籍もこれまで40冊以上出版してきました。２００５年に初めて出版した

『内藤忍の資産設計塾』は、シリーズ累計13万部を超え、**今も売れ続けるロングセラーとなりました。**また、2015年に出版した『初めての人のための資産運用ガイド』（本書の元となった1冊です）もシリーズ累計で30万部を超えています。

本書は、これらの書籍のポイントを凝縮し、図解を加えて、わかりやすくまとめたものです。お金に関する知識ゼロという人でも、**安心できる未来を手に入れる具体的な方法が簡単に学べる1冊**です。

これからはお金の知識が益々大切になる

日本の学校では自分のお金をどう活用したらよいかは教えてくれません。それは日本人の根底に、働いてお金を稼ぐのはよいけれど「お金がお金を生み出すような投資は卑しい」という誤った考え方があるからだと思います。

しかし、これからは「人生100年時代」となり、**自分が働くだけではなく、お金にも働いてもらわなければ豊かな老後を実現できません。**資産をどうやって有効に活用するかが、将来の豊かさを決定する大切なポイントになるのです。

日本人はナゼお金を増やすことができないのか？

日本人がお金を増やすことができないのには理由があります。1つは「**リスクを取らないリスク**」です。日本人の個人金融資産は現預金が半分以上を占めています。一見堅実に見えますが、これでは資産は増えませんし、インフレになると実質的に目減りしてしまうリスクを抱えています。

また、日本人は資産の9割以上を円資産で保有し、外貨資産は1割以下です。外貨投資には為替リスクがあるというのが理由です。しかし、もし円安になれば円建ての資産は目減りしてしまいます。

つまり、多くの日本人は日本の将来を悲観し、円安になると思いながら、円の預金で資産を守ろうとしている「**考えていることとやっていることが正反対**」**の状態なのです。**

「お金の増やし方」を学校では教えてもらえないなら、自分で勉強して実践するしかありません。本書にはその正しい方法が、わかりやすくまとめてあります。126ページにある通り、**資産運用は100円からでも始められます。**これまでなかなか始められなかった方も、やり方を学んで、少額でもよいのでまず始めてみてください。

本書には、どの株を買えば儲かるとか、これから1ドルはいくらになるといった予想は、一切書いてありません。なぜなら、そのような**予想に基づく投資をしても、資産を増やせないことは、過去のデータが実証している**からです。では、何からやるべきなのか？　何が間違っていて、何が正しい方法なのか？

早速、資産を守り、増やすための具体的なお話をしていきましょう。

1 資産運用をしていない人、始めたばかりの人のあるある話

大切なのは、アセットアロケーション ➡ 140ページ

資産運用とは、人生の目標を達成するために必要な資金を手に入れること ➡ 58ページ

リスクを取らないリスクを発生させている ➡ 18ページ

4 資産運用をしていない人、始めたばかりの人のあるある話

金融機関の美味しいカモになっている ➡ 30,36 ページ

資産運用の始め方

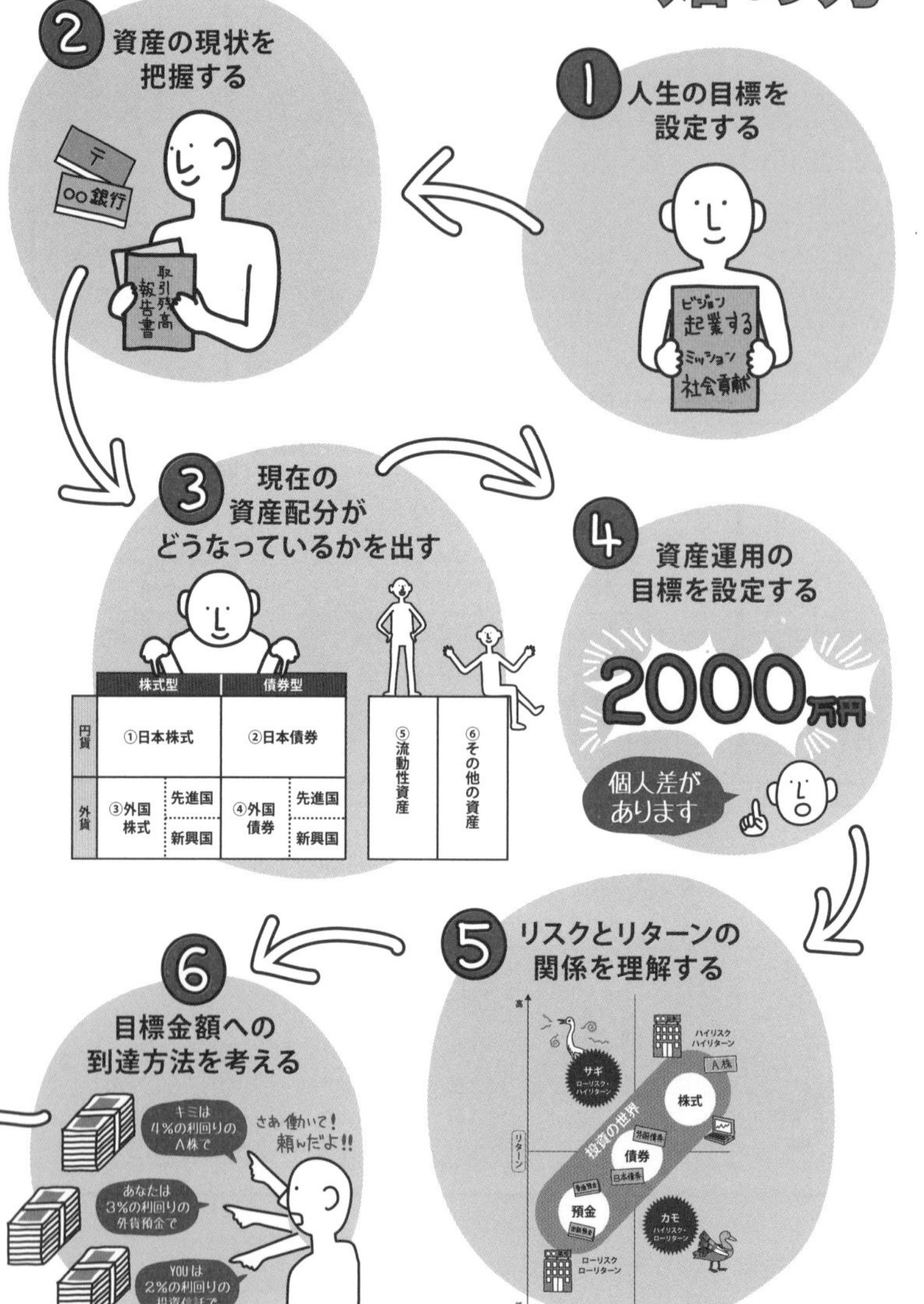

1 人生の目標を設定する
ビジョン
起業する
ミッション
社会貢献
2 資産の現状を把握する
〒
○○銀行
取引残高報告書
3 現在の資産配分がどうなっているかを出す
株式型
債券型
円貨
①日本株式
②日本債券
外貨
③外国株式
先進国
新興国
④外国債券
先進国
新興国
⑤流動性資産
⑥その他の資産
4 資産運用の目標を設定する
2000万円
個人差があります
5 リスクとリターンの関係を理解する
高
リターン
低
低
リスク
高
サギ
ローリスク・ハイリターン
ハイリスク
ハイリターン
A株
株式
投資の世界
外国債券
債券
日本債券
普通預金
預金
定期預金
カモ
ハイリスク・ローリターン
ローリスク
ローリターン
6 目標金額への到達方法を考える
キミは
4%の利回りの
A株で
あなたは
3%の利回りの
外貨預金で
YOUは
2%の利回りの
投資信託で
さあ 働いて!
頼んだよ!!

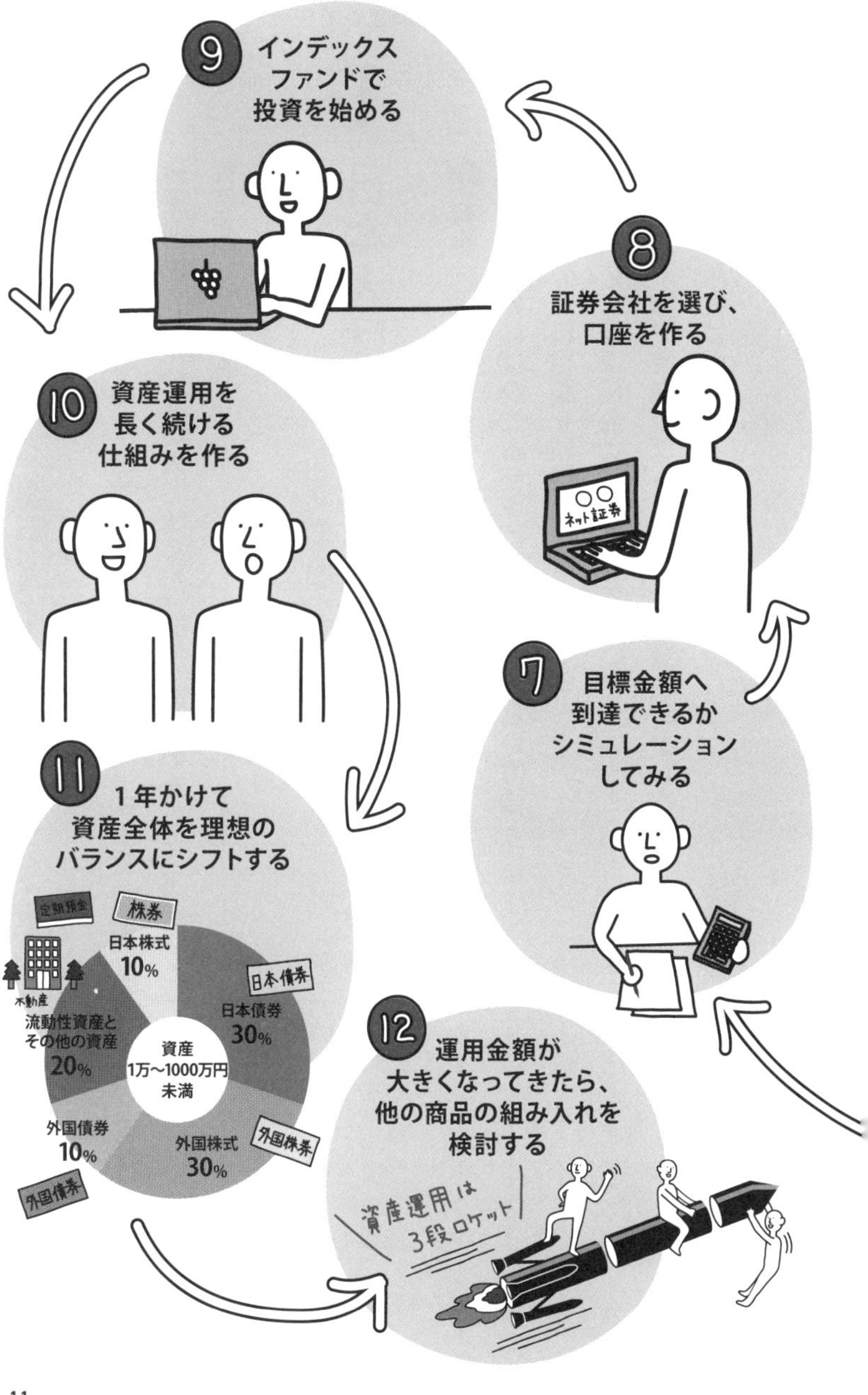

7 目標金額へ到達できるかシミュレーションしてみる
8 証券会社を選び、口座を作る
○○ネット証券
9 インデックスファンドで投資を始める
10 資産運用を長く続ける仕組みを作る
11 1年かけて資産全体を理想のバランスにシフトする
定期預金
株券
日本株式 10%
日本債券
日本債券 30%
不動産
流動性資産とその他の資産 20%
資産 1万～1000万円未満
外国債券 10%
外国株式 30%
外国株券
外国債券
12 運用金額が大きくなってきたら、他の商品の組み入れを検討する
資産運用は3段ロケット

初めての人のための資産運用ガイド［図解ハンディ版］　目次

PART 1 日本人はなぜお金を増やせないのか

PART 2 お金が貯まる人の心の持ち方

PART 3 資産運用するための準備

PART 4

100円から資産運用を始めよう

PART 5 口座を使い分け、さらに資産を増やす

付録

投資信託以外のさまざまな金融商品の基礎知識

★本書は2015年6月に出版した『初めての人のための資産運用ガイド』（小社刊）から内容を抜粋し、大幅な加筆・修正を施して図解化した『改訂新版　初めての人のための資産運用ガイド』（2019年10月コンビニ限定販売）を改訂し書籍化したものです。

PART 1

日本人はなぜ
お金を増やせないのか

01

さまざまな方向から
リスクを考える

預金・保険・年金は安全ではなく、実は危険

▼預金・保険・年金は、安全と思われがちだが、実はリスクが高い
▼円の価値が下がれば、円資産の価値も下がってしまう
▼円安か円高か、予想がつかないなら、半分ずつ保有するのが合理的

☑預金・保険・年金はすべて国債で運用されている

堅実な資産形成を説いている人の中には、「預金・保険・年金で資産形成するべき！株式や外貨投資といったリスクの高い資産運用は避けるべきだ」という意見の人がいます。現実、**日本人の個人金融資産は、預貯金と年金、保険などに全体の8割以上が偏っています。**

これは一見リスクがない状態だと思うかもしれません。しかし、このような資産形成の方法には2つの問題があります。

問題①資産の集中

銀行預金に保険や年金を組み合わせて分散したとしても、**実はこれらは国債を使って運用されているので、分散投資が実現できていないのです。**

問題点国債の問題

もう1つは「国債の問題」です。預金・保険・年金の一部は国債で運用されています。日本では超低金利が続き、国債価格は安定していますが、市場金利が上昇すれば、国債価格は下落します。**国債には将来の金利上昇による損失が発生するリスクがあるのです。**

円だけで資産を持つと、円安やインフレに対応できない

日本の個人金融資産は、1700兆円といわれていますが、9割以上が円資産です。この状態にもリスクがあります。具体的な数字で見ていきましょう。

1ドル＝100円で100万円を持っていたとします。ドルに換算すると、1万ドルです。しかし、翌年に急激な円安が進み、1ドル＝125円となったとすると、ドル換算では8000ドルになってしまいます。

つまり、**円だけで資産を持っていると、円安になった場合、グローバルに見て資産が減少してしまう**のです。

インフレになった場合でも同じことが起こります。

物価が上昇し、これまでは100円で買えていたものが、125円出さなければ買えなくなったとすると、預金などは「元本保証」という名のもとに、**名目金額では守られていても、実質的な価値は減少**してしまいます。

リスクを避けるつもりが、**「リスクを取らないリスク」**になってしまっているのです。

☑円安になるか円高になるかわからない場合は?

普通、為替が円安になると思うのであれば、円を売って外貨を買います。逆に、円高の場合は、外貨を売って円を買うわけです。もし、円安になるか円高になるか、五分五分だと思うのなら、100万円持っているとして、円を半分の50万円、外貨を半分の50万円という、中立（ニュートラル）な保有が合理的ということになります。

日本の未来に悲観し、円安におびえながらも、**円100%のまま、資産を保有している人は、思っていることと、やっていることがチグハグ**な状態といえるでしょう。

貯金も保険も年金も、一部は国債で運用されている

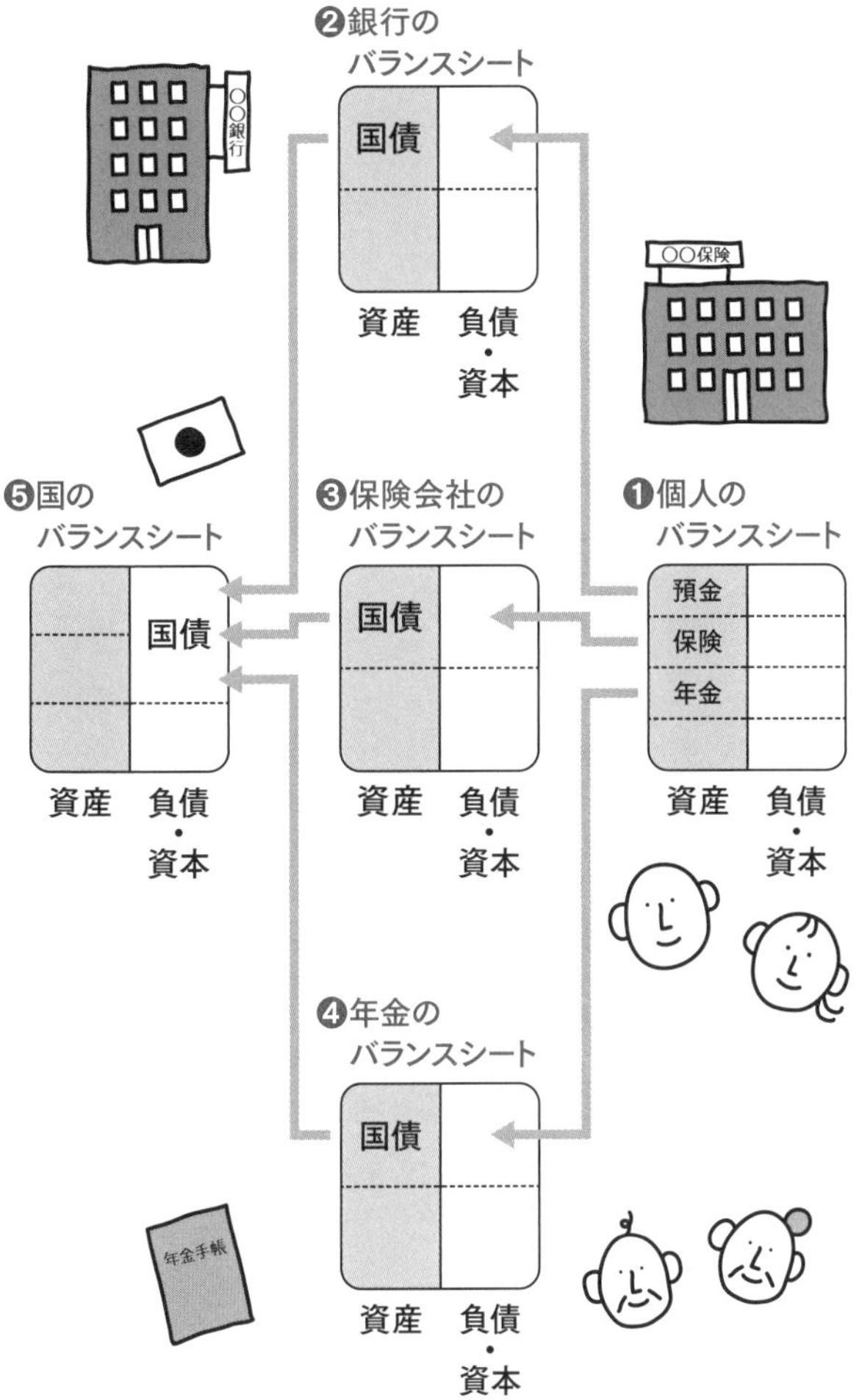

❷銀行のバランスシート
国債
資産
負債・資本
○○銀行
○○保険
❺国のバランスシート
国債
資産
負債・資本
❸保険会社のバランスシート
国債
資産
負債・資本
❶個人のバランスシート
預金
保険
年金
資産
負債・資本
❹年金のバランスシート
国債
資産
負債・資本
年金手帳

CHECK！

やみくもにリスクを取っても失敗する

個人投資家の投資の失敗には、典型的なパターンがいくつかあります。

●自分が知っている会社を選んで投資する（有名な会社は人気があるぶん割高になっている可能性がある）

●1つの株に資金を集中させる（ちょっとした相場変動で大きな失敗につながる）

株価が確実に上がる会社を予想することは不可能です。いきなり株式投資を始めるのではなく、最初は投資信託などを使った分散投資から始めるべきなのです。

●購入した株が値下がりすると見なくなる（不都合な真実から目を反らす）

購入した株が思った通りに上昇せず、下落していくことがあります。このような場合は、株価回復の見通しがなければ「損切り」を早めにする必要があります。しかし、多くの個人投資家は自分の保有する株式の価格が下がってくると、都合の悪い現実を見ないようにしてしまい、その株式は結局値下がりしたまま「塩漬け」になってしまうのです。

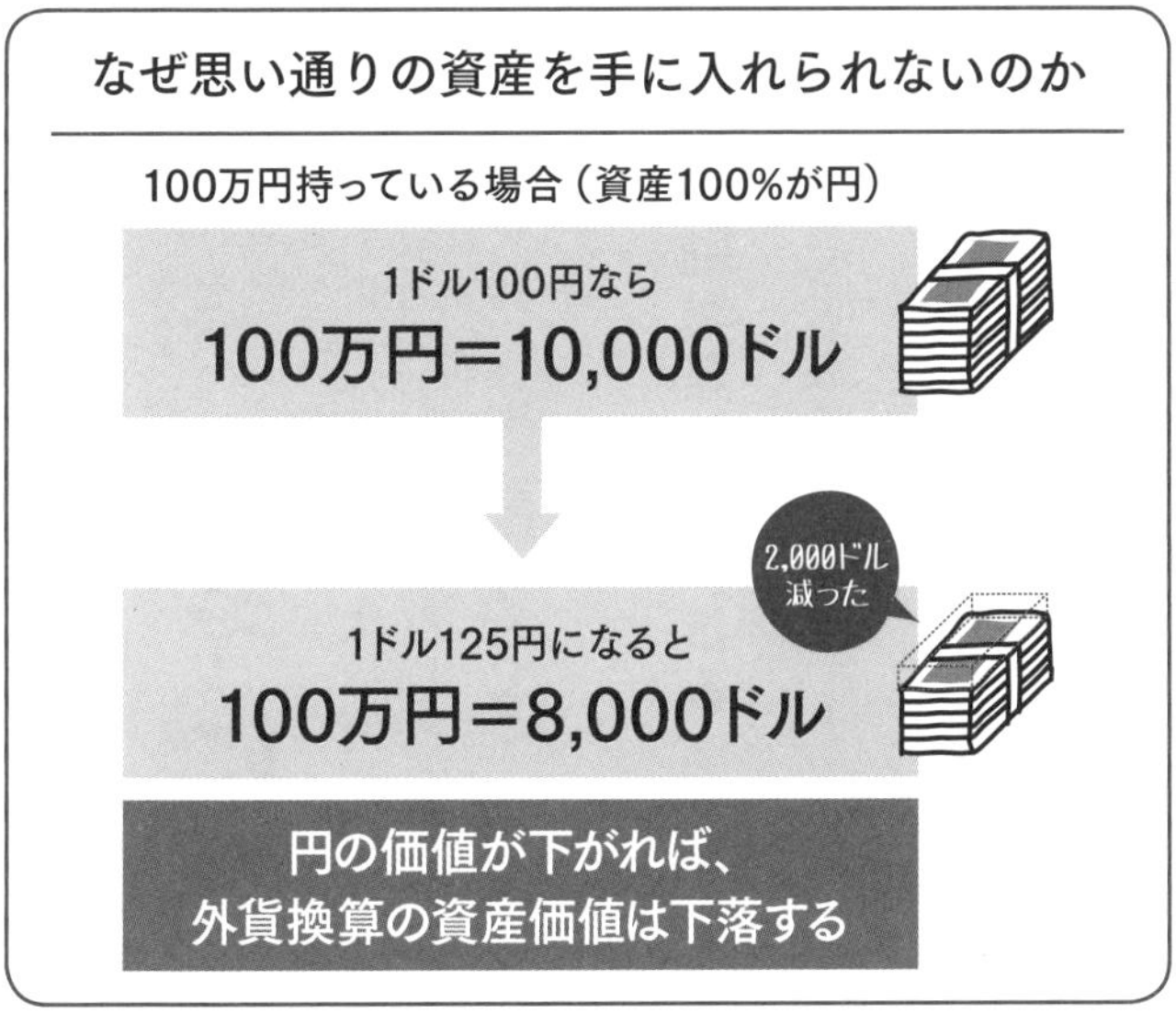
なぜ思い通りの資産を手に入れられないのか
100万円持っている場合（資産100%が円）
1ドル100円なら
100万円＝10,000ドル
2,000ドル減った
1ドル125円になると
100万円＝8,000ドル
円の価値が下がれば、
外貨換算の資産価値は下落する

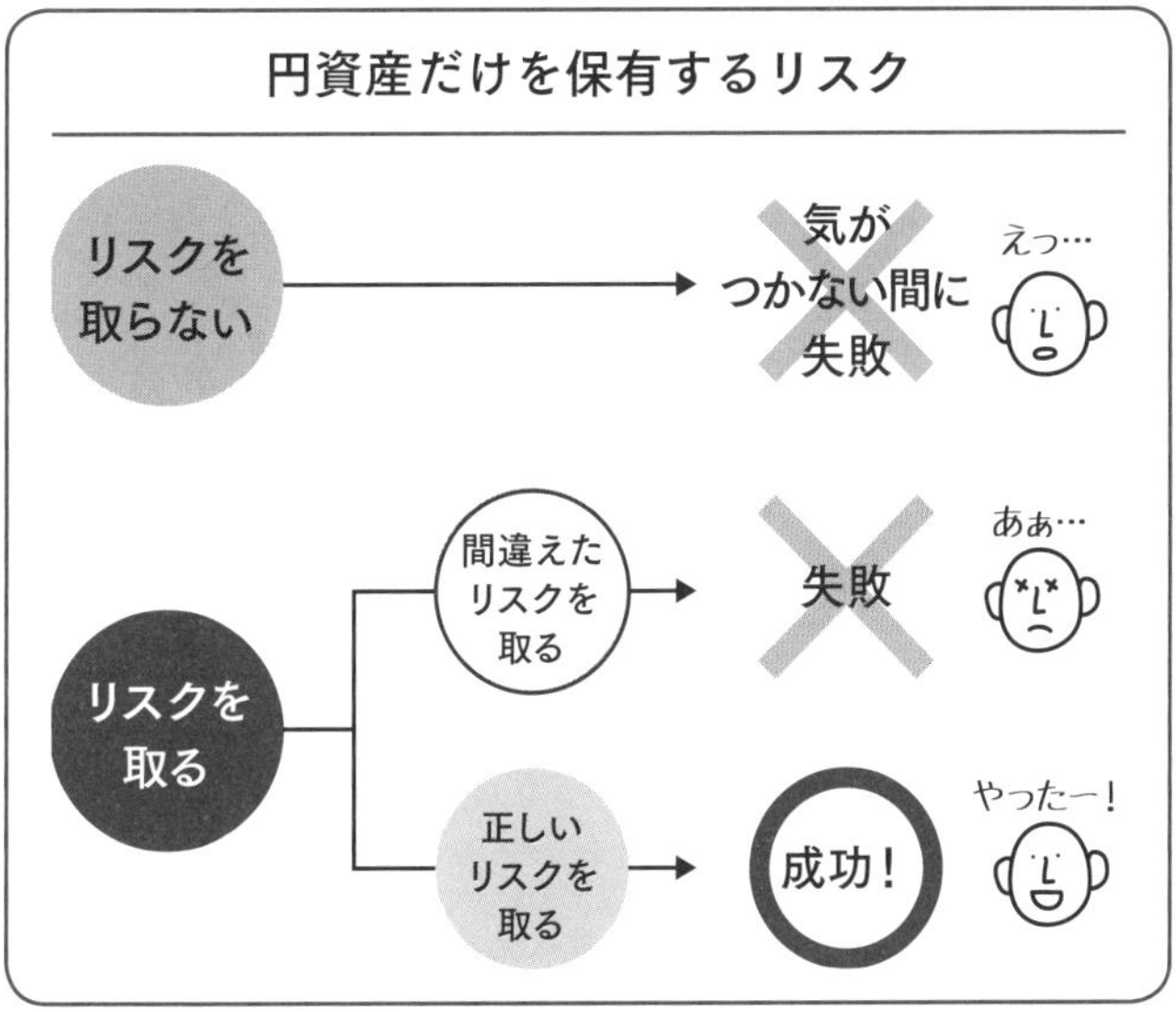
円資産だけを保有するリスク
リスクを取らない
気がつかない間に失敗
えっ…
リスクを取る
間違えたリスクを取る
失敗
あぁ…
正しいリスクを取る
成功！
やったー！

02

さまざまな方向から
リスクを考える

金融業界にはびこる
サギにひっかからない方法

▼運用の大原則は「ハイリスク・ハイリターン」「ローリスク・ローリターン」
▼高いリターンに目がくらみ、リスクを取りすぎると失敗する
▼「ローリスク・ハイリターン」は実在しない「サギ」

☑金融業界にはびこる「サギ」

金融業界には「サギ」と「カモ」という2羽の鳥がいることをご存じですか？　まず、この項では、**「サギ」＝「金融詐欺」**について見ていきましょう。

２０１３年４月、米国の金融業者ＭＲＩインターナショナルが資産の一部を消失した疑いがあると報道されました。１３００億円といわれる、巨額の投資資金のほとんどが投資家に戻せないことが判明したのです。

日本でも、高利回りの金融商品として販売されました。その仕組みを理解しないまま、1000万円単位の投資をしていた個人投資家もいたようです。

少しでも高利回りで運用したいという投資家の気持ちはわかりますが、**金融の世界のルールは「ハイリスク・ハイリターン」「ローリスク・ローリターン」が大原則です。**

また、中には仕組みの説明をいくら聞いても理解できない「**ブラックボックス商品**」があります。たとえば「海外の最先端の金融工学によって高いリターンを狙う」と言われても、何となくよさそうと思うだけで、本質的なことは何もわかりません。

しかし、投資に関する基本的な知識を持っていれば、このような金融詐欺に巻き込まれることはないでしょう。

「ローリスク・ハイリターン」の金融商品は、そもそも虫のいい話であって、金融の世界には実在しない「サギ」なのです。

☑ リターンのためにリスクを取りすぎる危険をおかす

リスクとリターンの関係を理解しないまま投資を始めると、**多くの場合、リスクの取りすぎによって失敗**します。

たとえば、ＦＸ（外国為替証拠金取引）は少ない金額でレバレッジを使った取引ができる金融商品です。持っている資金の25倍までの取引ができるハイリスクの商品といえます。

はじめはリスクに注意を払いながら慎重に運用を開始しても、レバレッジによって利益を大きく増やせることに気がつくと、ついリスクを大きく取ってしまう傾向があります。10万円しか資金を持たない人が、２５０万円のリスクを取る――これは明らかにやりすぎです。

☑リスクについての理解が不十分だと失敗する

各国の中央銀行の金融緩和策により、世界的な低金利が続いています。そのため金融商品で高いリターンを実現することが難しくなり、将来のお金の不安を感じる人たちが、リスクの高い商品に投資をして、資産を減らすケースが続発しています。

高利回りの商品に投資する場合、どのようなリスクがあるかを必ず確認する習慣をつけるようにしましょう。

今までにあった金融詐欺

発覚した年	当事者	被害金額 人数	備考
1949	光クラブ	3000万円	東京大学の学生が中心となって経営を行う「学士金融」として注目を浴び、資金を集めた。
1953	保全経済会	44億円 15万人	月5～7%の高配当を保証して、農民や戦争未亡人らから資金を集め、中小企業への貸し付けを実施したが、配当金を還元することができなくなった。
1972	天下一家の会	20億円	逮捕容疑は所得税法違反。
1984	投資ジャーナル	580億円 7684人	保証金を積めば、預かり金の10倍もの融資を受けられるとうたい、実際には株式そのものの引き渡しはしなかった。
1985	豊田商事	2000億円 約3万人	客は金の地金を購入する契約を結ぶが、証券を代金の代わりに渡す形式で、紙切れしか手元に残らなかった。
1994	サンフラワー	650億円 28万人	雑貨や健康食品を売れば売るほど高配当が得られるマルチ商法。
1996	オレンジ共済	85億円 2650人	年金に不安を持つ中高年や阪神淡路大震災の被災者などが主に狙われた。
1997	KCC（経済革命倶楽部）	350億円 1万2000人	マルチ商法だが、後続の会員を1人だけ増やすという仕組みが無限連鎖講の対象にならず、詐欺罪として立件された。
1997	ココ山岡	420億円 1万2000人	普通のダイヤモンドを高級品と偽って契約・購入させていた。
2007	L&G（Ladies&Gentlemen）円天	1000億円 5万人	10万円以上を預け入れて会員になることで、1年ごとに預金額と同額の円天を受け取れる。円天は円天市場で使用可能だが、店舗数の少なさ、購入単位の大きさで利用しやすいものではなかった。
2007	ワールドオーシャンファーム	850億円 3万5000人	フィリピン国内のエビ養殖事業に投資することで、1年で倍の配当を出すと資金を集めたが、実際は養殖事業は行っていなかった。
2011	安愚楽牧場	4200億円以上 7万3000人	和牛の子牛の飼育に出資することで成牛となって売買されたときに高額な配当を得られるという和牛預託商法。関係者が集めた金を牛の飼育に使わず不動産投資などに使っていた。
2013	MRIインターナショナル	1365億円 8700人	診療報酬を保険会社に請求できる権利を債権化した金融商品（MARS）を米国で扱い、高金利で資金を運用できると宣伝。富裕層を中心に大金を集めたが、運用の実態はなく1300億円以上が消失。

CHECK！

分配金を出すと、投資信託自体の価格は下がる

シニア層の年金生活者には毎月分配型の投資信託が人気です。しかし多くの人は、毎月受け取る分配金には注意を払っていても、**保有している投資信託自体の価格（基準価額）の変化には鈍感**です。

投資信託は分配金を出せば、そのぶん、基準価額は下がります。つまり、価格が上昇しないのに分配金を出し続ければ、**保有している資産の価値が減る**ということです。

投資の世界に錬金術は存在しません。

10,000円から上がっていない投資信託

↓

50円の分配金を出す

↓

9,950円の投資信託になる

リスクを取りすぎると失敗する

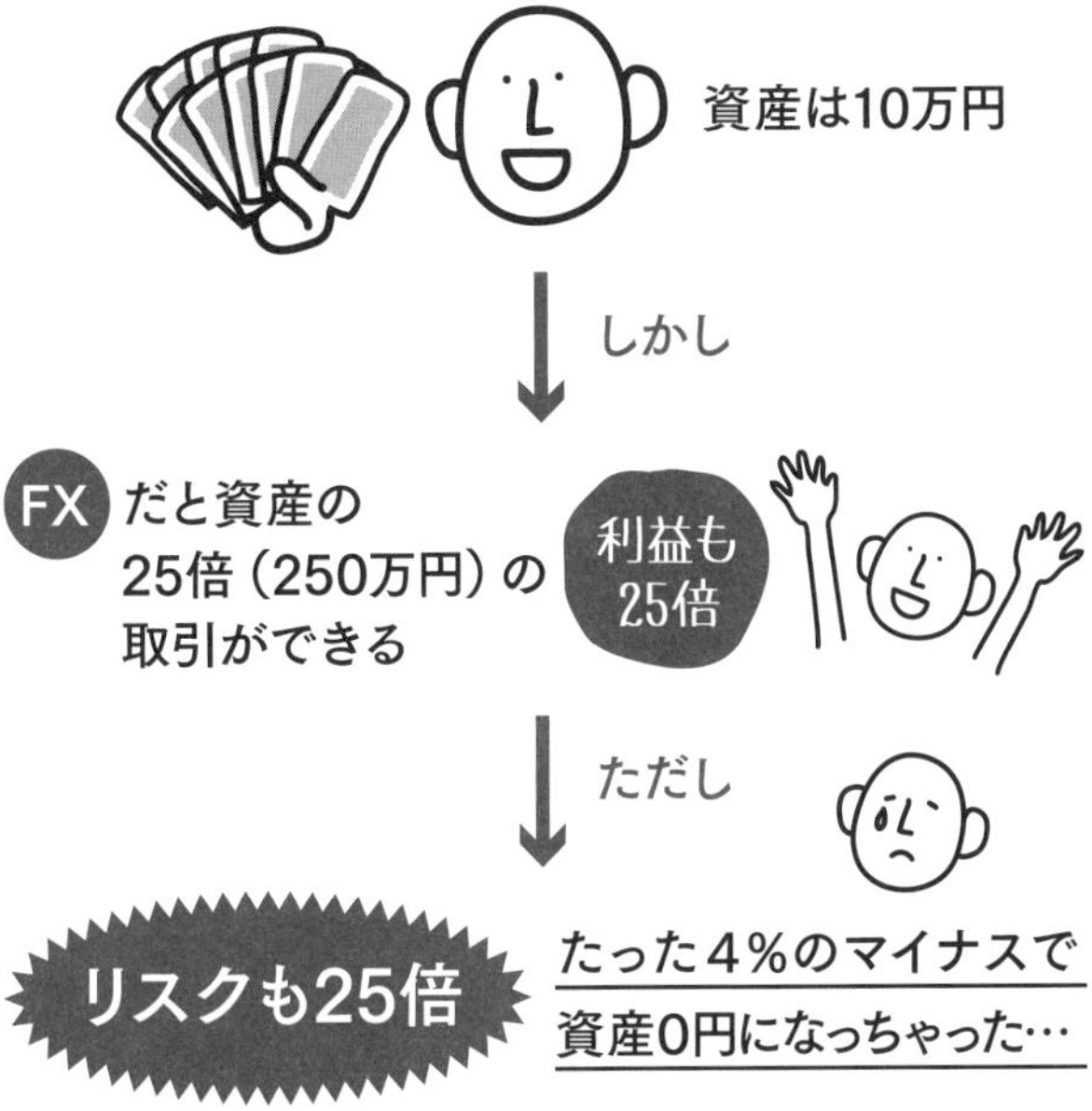
資産は10万円
しかし
FX だと資産の
25倍（250万円）の
取引ができる
利益も
25倍
ただし
リスクも25倍
たった4％のマイナスで
資産0円になっちゃった…

ローリスク・ハイリターンはサギ

元本保証の
高利回り
商品ですよ

03

さまざまな方向から
リスクを考える

お金の無料相談を利用してはいけない

▼銀行などの金融機関は気づかないうちに、利益を横取りしている
▼無料相談は一見おトクだが、結局最も割高になりかねない
▼銀行の投資信託は手数料が高い。買った瞬間に手数料ぶんがマイナスになってしまう

☑高い手数料を払い利益も吸い取られる報われない投資

「サギ」の次に、もう1羽の鳥「カモ」のお話をしましょう。

カモとは、簡単に言えば、**コストの高い「ハイリスク・ローリターン」の金融商品（リスクを取っても報われない商品）を買わされてしまうこと**です。気がつかないうちに、金融機関にリターンを吸い取られてしまっているケースを指します。

「無料」のウラに潜む思惑
金融機関の無料相談
こちらのプランがいいですよ
では、それにします
なんていったって手数料がたくさんもらえるプランだから
手間もコストもかからず便利だな

無料相談は利用すべからず

金融商品は複雑でわかりにくいことから、誰かに相談しないとなかなか商品を選択することができません。

そこで、お得だと思って無料相談を利用してしまう人がいますが、実はお得ではないのです。

たとえば、保険を無料で見直ししてくれるサービスが人気です。駅前の一等地にお店を構え、最適な保険を専門家がアドバイスしてくれるようです。

確かに保険の知識がない人にとってはおまかせで保険プランを考えてもらえて、しかも無料というのは手間もかからずコストも払わなくてよいので気軽に相談できそうです。

しかし、無料の相談にのってくれるお店の維持費や、説明して保険を販売する人たちの報酬は、販売した保険会社からの手数料で賄われています。

このような販売員にインセンティブがつく無料の相談では、相談する側にとってではなく、**販売員にとってメリットのある商品をアドバイスされてもおかしくありません。**

無料相談は、一見お得のようですが、結局のところ、割高ということになりかねないのです。

☑銀行の窓口で相談してはいけない

一番相談してはいけないのが、銀行の窓口です。

たとえば、銀行が熱心に販売している商品に投資信託や保険があります。これらの商品は手数料が大きく、**販売する銀行にとって収益性の高い商品**です。

つまり、必ずしも**顧客の将来の資産形成を考えて、すすめてくれているわけではない**のです。

銀行の店頭で販売している投資信託は、通常購入時に販売手数料がかかります。販売手

ハイリスク・ローリターンはカモ

○○銀行
銀行で投資信託を始めよう
カモさん
いらっしゃいませ〜!

数料というのは、営業の説明を聞いて手数料を払うという何とも不思議な仕組みなのですが、銀行と取引するのが当たり前と思っている人はそんなことにすら気がつきません。

また、販売手数料は投資信託を購入する金額の中に含まれているので、お客さんからすれば支払っている実感があまりありません。

気がつかないうちに、非常にもったいないことをしているわけです。

「サギ」と「カモ」。この2羽の鳥に関わっていてはいつまでたっても資産を増やすことはできないでしょう。

CHECK！

カモの逆襲――「あなたは買っていますか？」と聞いてみる

証券会社の窓口や銀行の店頭で、金融商品をすすめられたら、こう聞いてみましょう。

「あなたご自身はどのくらい購入されていますか？」

担当者も自分がよいと思ってすすめているのであれば、きっと購入しているはず。**「金融のプロ」自身がどんな運用をしているか**を聞いてみることは、アドバイスの信頼性を確認する**「キラークエスチョン」**になるのです。

!?
↖ 窓口担当者
あなたはどのくらい買われているのですか？

投資信託を銀行で買うと、買った瞬間マイナスになる

売れ筋投資信託	
1位	次世代通信関連 世界株式戦略ファンド「THE　5G」
2位	ピクテ・マルチアセット・アロケーション・ファンド「クアトロ」
3位	ジパング企業債ファンド
4位	SMT 日経225インデックス・オープン
5位	世界 e コマース関連株式オープン「みらい生活」

銀行の窓口で販売されている「売れ筋商品」は、ほとんどがアクティブ型の商品で販売手数料がかかります。販売手数料は購入時に差し引かれるコストで、買った瞬間にその分リターンはマイナスになってしまうのです。ネット証券のインデックスファンドを購入すれば、販売手数料はかからず、スタート時点からマイナスになることはありません。

出所：大手信託銀行ホームページより

04

さまざまな方向から
リスクを考える

おトクな外貨預金にだまされてはいけない

- ▼期間限定の優遇金利に惑わされて、外貨預金をしてはいけない
- ▼FXは、取引にかかるコストが少ないというメリットがある
- ▼外貨預金で知らぬ間に銀行の「カモ」となっている

☑外貨預金の落とし穴

外貨投資というと、多くの人は銀行での外貨預金を思い浮かべます。銀行も外貨ニーズを取り込もうとして、店頭で金利優遇キャンペーンなどをやっています。たとえば、「米ドルの外貨定期預金の金利を3％に優遇します」というようなものです。日本同様、アメリカも低金利が続いていますから、3％でもこれから始めようという人には魅力的に見えるかもしれません。

いろいろある外貨投資の方法

外貨投資……日本円を外貨に両替して、
外貨建て金融商品で運用すること

- 外貨預金
- FX
- 外貨 MMF
- 外国投資信託
- 外国債券
- 外国株式
- 為替 e ワラント　など

しかし、この**優遇金利は、最初の3カ月だけしか適用されない、期間限定のもの**です。3カ月間のみ3%という金利を年換算すると0・75%。さらにそこから復興税を含め20・315%の税金が差し引かれます。

また為替手数料として、大手銀行では外貨の売買ごとに1ドルにつき1円取られます。

このような場合、為替レートが変動しなかったとしても、**為替手数料が金利より大きくなり、元本割れ**になってしまいます。

☑ FXは取引コストの面では魅力的

同じ外貨取引の商品にFX（外国為替証拠金取引）があります。

よくFXは危険だといわれますが、それはレバレッジがかけられるからです。

レバレッジとは少ない資金で大きなリスクを取ることです。日本国内では規制によって25倍までに制限されていますが、それでも持っている資金の25倍の取引ができるというのは、かなりのリスクです。

しかしFXには、取引にかかるコストが圧倒的に低いというメリットがあります。

そこで、最近は主婦が取引するケースも増えており、市場では日本の個人投資家は「ミセスワタナベ（海外でよく知られた日本人の姓）」などと呼ばれています。

取引に利用する会社にもよりますが、多くのFX会社では、**為替手数料は取らず、売りと買いの価格差だけが取引のコスト**になっています。

たとえばドル円なら売値と買値のスプレッド（＝売値と買値の差額：実質的なコスト）がわずか0・3銭という場合もあります。

大手銀行の為替手数料が買いと売りで2円（＝200銭）とすると、単純計算でFXのコストはその600分の1以下ということになります（もちろん商品性は異なりますが）。

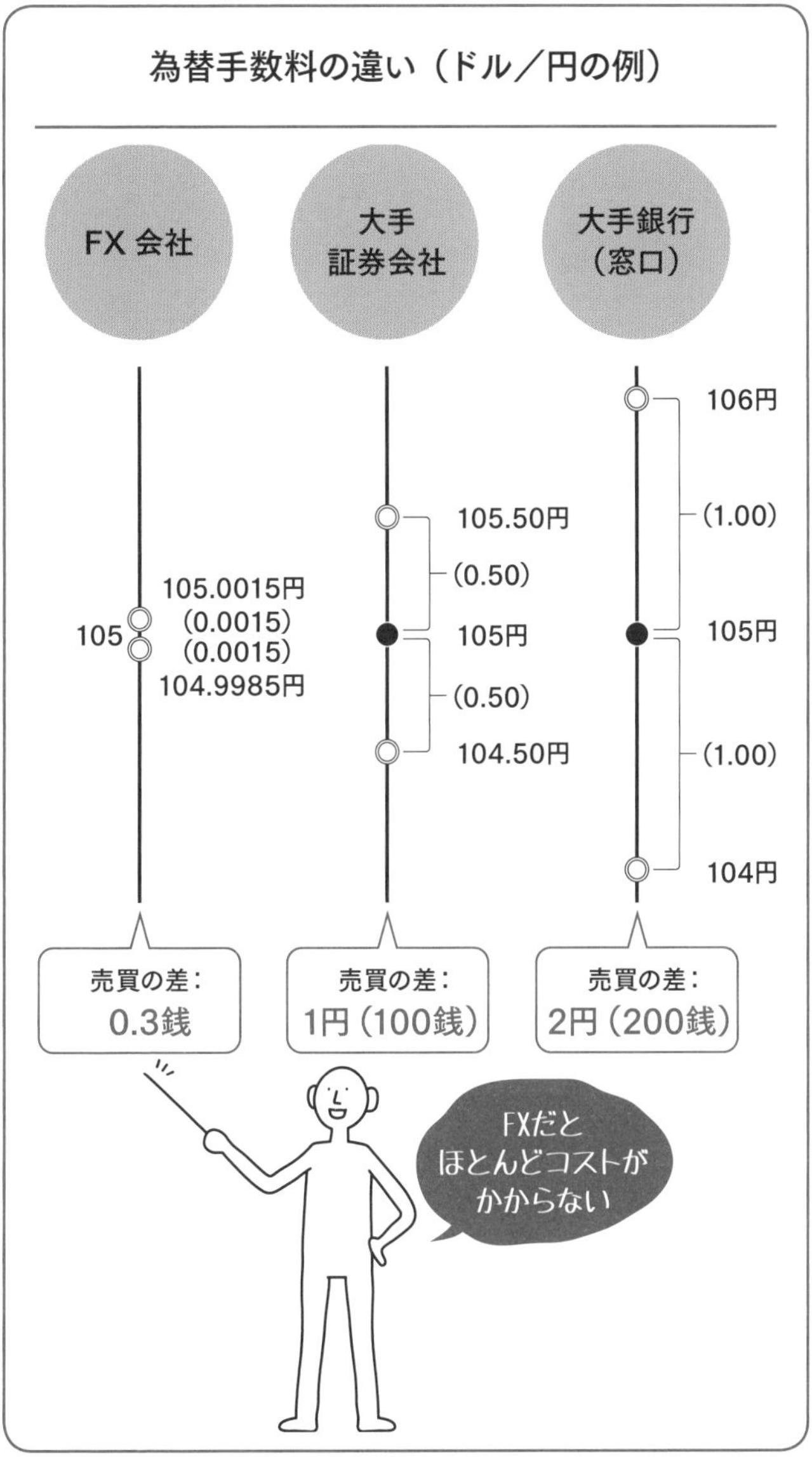
為替手数料の違い（ドル／円の例）
FX 会社
大手
証券会社
大手銀行
（窓口）
105.0015円
(0.0015)
105
(0.0015)
104.9985円
105.50円
(0.50)
105円
(0.50)
104.50円
106円
(1.00)
105円
(1.00)
104円
売買の差：
0.3銭
売買の差：
1円（100銭）
売買の差：
2円（200銭）
FXだと
ほとんどコストが
かからない

☑ 銀行の「カモ」になっていませんか？

「外貨運用＝外貨預金」と思い込み、**3カ月間の優遇金利に惹かれて600倍以上のコストを払っている人は、意外と多い**のではないでしょうか。

このように気がつかないうちに高い手数料を払ってくれる顧客こそ、前項でもお話ししました銀行が大切にしている「カモ」なのです。

金融商品で収益を向上させるために最も確実で有効な方法は「コストを下げる」ことです。せっかく高い金利の商品に投資をしても、その大半が手数料として金融機関に差し引かれることになってしまえば、実質的な収益が大きく下がってしまうからです。

このような失敗をしないためには、**金融商品の手数料（コスト）を常に確認し、手数料差し引き後のリターンを計算する習慣をつける**ことです。

為替手数料も含めた収益を計算してみれば、高金利の外貨預金の利回りが想像した以上に低いことに驚くと思います。

CHECK！

ＦＸのリスクは自分で下げることができる

そもそも自分で**25倍の資金をＦＸの取引口座に入れておけば、実質のレバレッジは1倍**に下げられます。

また、ＦＸ社によっては**レバレッジ1倍コース**という商品を提供しているところもあります。自分にあったリスクの商品を選ぶようにしましょう。

ＦＸ取引でのレバレッジは為替の変動を考慮すれば、最大でも5倍程度までが限界です。リスクの取り過ぎに注意しましょう。

250万円入金して
10万円で25倍の
リスクを取る。
これなら
為替の変動に伴う
リスクは
外貨預金と同じ
ATM

さまざまな情報の
利用方法を考える

マネー誌や金融のプロの予想で投資判断をしない

▼マネー誌の推奨銘柄は無難なものばかり。鵜呑みにしても成果は上がらない
▼優秀なアナリストを多数抱える資産運用会社でも、株価の予想は困難
▼長年同じ予想を繰り返し、当たったときだけ騒ぐ金融のプロは多い

マネー誌は無難な銘柄ばかり紹介する

そもそも「投資＝日本株投資」だと思っている人はいまだにたくさんいます。これを裏付けているのが、マネー誌です。株価が堅調になってくると、人気企画として株式の個別銘柄特集を行います。

しかし、読者の立場からすると、毎回100銘柄以上を推奨されても、その中からどの銘柄を選べばいいのか、結局のところ、わからないというのが本音でしょう。

マネー誌が紹介するのは
ローリスク・ローリターンの銘柄

❶株価が上昇傾向になると

❷マネー誌がこぞって株の銘柄特集を組む

❸しかし、載っているのは無難な銘柄ばかり

ところで、雑誌やネットの記事における銘柄選択の基準はどのようになっていると思いますか？「自分がマネー誌の編集長だったら？」と想像してみるとわかりやすいかもしれません。

銘柄の推奨に責任はありませんし、検証されることもほとんどありませんが、マニアックな銘柄を推奨して、万が一その会社が倒産するようなことがあれば、編集部にクレームが入ってしまいます。そう考えると、**無難な銘柄をリストアップするのではないか**と想像できます。

実際、推奨されている銘柄リストを見ると、トヨタ自動車、みずほフィナンシャルグループといった有名な銘柄が毎回必ずと言っていいほど入っています。これらは、値下がりしたとしても長期で保有すればよいと言い訳をすれば、読者に納得してもらえますし、破綻するリスクも低く安心できる銘柄だからです。

☑株価の予想は専門家でも難しい

どの銘柄が上がるかを予想することは、**アナリストを多数抱えて専門的な分析をしている資産運用会社でも簡単ではありません。**ましてや、マネー誌が取り上げている銘柄を単純に買っても、よい結果になるはずがないのです。このような**無難な雑誌の情報を鵜呑みにして投資をしてみても、成果は上がらない**ということです。

たまに当たるプロの予想は「止まった時計」と同じ

投資の判断をする際には、経済専門家や株式評論家、エコノミストやストラテジストといわれる「金融のプロ」の予想を活用するのもやめるべきです。

なぜなら**多くの人の予測やコメントは、当たることもあれば外れることもあり、判断材料としての価値がない**からです。

このようなコメントには何の責任もありません。読み手がどう判断してそれによってどのような投資成果になっても誰も責任をとってはくれないのです。

止まった時計ですら1日に2回は正しい時刻を表示します。それと同じように長年同じ予想を繰り返して当たったときだけ騒いでいる「金融のプロ」の意見を参考にしても、投資の成果は上がらないでしょう。

CHECK！

雑誌やネットの情報は参考にするにとどめる

雑誌やネットで無料で得られる情報は既に株価などに織り込まれています。そのまま鵜呑みにしても投資の成果を上げることはできないのです。

取引している市場参加者のコンセンサス（共通認識）を確認するための情報として活用すべきです。

もし、自分が考えている認識とズレていることがあれば、むしろコンセンサスと異なる投資をすることによって、収益を上げることができるかもしれません。

なるほど
そんなふうに
思ってる人が
多いのか
ふ〜〜ん

プロの予想は「止まった時計」のようなもの

止まった時計でも
1日2回は正しい時刻を示す

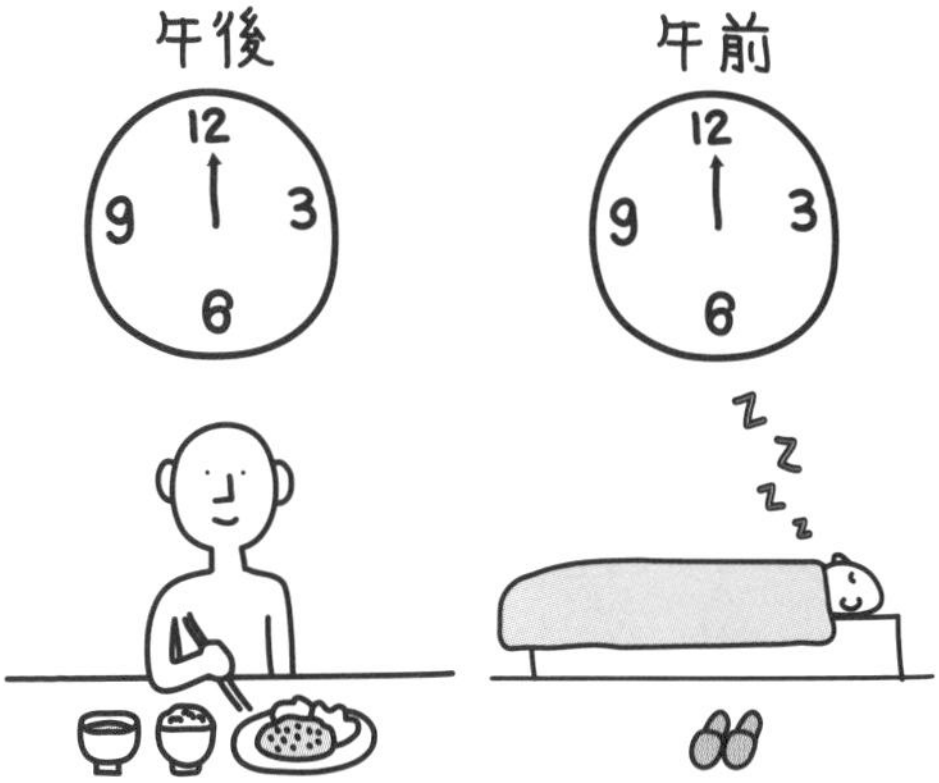

同じ予想を繰り返せば
たまには当たる

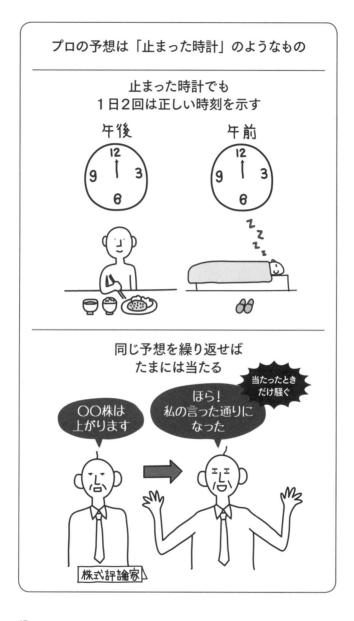

06

決断を下す期間を考える

短期勝負は損をするだけ

- ▼短期勝負は高いリスクをコントロールできる一部の人しかやってはいけない
- ▼長期投資で市場の暴落局面でも、資産を失わないようにする
- ▼資産を増やしていくためには、勉強して金融の世界と上手につきあう必要がある

☑短期勝負は損をする可能性が高い

短期で投資して儲けようとする人がいますが、私は才能と時間を持つ一部の人以外にはおすすめしません。**短期で高いリターンを実現するためには高いリスクを取る必要があり、そのコントロールには想像を絶する高い技術と手間がかかる**からです。

上昇相場になってくると、誰でもリスクを取れば簡単に資産を増やせる環境になります。

しかしそこでリターンを狙って高いリスクを取った個人投資家の多くは、上昇相場に変

短期勝負をしてもいい人とは？

❶高いリスクを取ることができる

❷「天性の才能」と「想像を絶する技術」の持ち主

❸時間も手間もかけられる

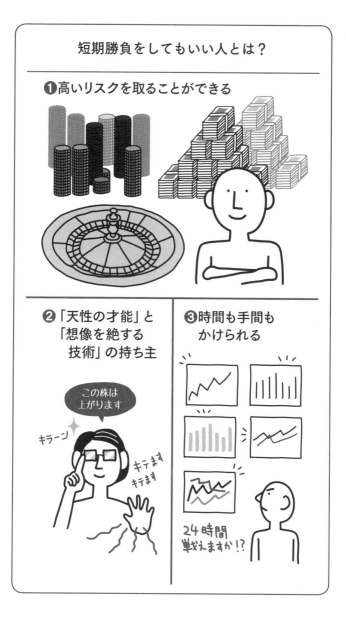

化が訪れ、**調整局面になってもリスクを取ったままの状態で、結局それまでに稼いだ多くの資産を失ってしまう**ことが多いのです。

☑短期勝負では長期的な資産形成ができない

短期間の投資で儲ける方法は、残念ながらこの本には書かれていません。過去の経験から言わせていただくと、そのような方法では、一時的な成功は実現できても、長期的な資産形成は難しいからです。

私は2005年に『内藤忍の資産設計塾』という本を出版しました。この本は現在も改訂されて書店に並んでいます。しかし、当時マネー誌で脚光を浴びていた有名個人投資家の中で、いまだに活動をしているのは本当に少数です。

中でも、**短期売買を実践していた多くの人はリーマンショックで資産の大半を失い、マーケットから去っていきました。**

市場の暴落局面で損をしない投資というのは大変難しいことです。しかし、損失を一定の範囲に抑えることはできます。そうすれば、長期にわたって資産運用を続けることができますし、ダメージを回復することもできます。

短期勝負の特徴

ハイリターン

成功している
うちはいいが…

ハイリスク

1回の失敗で
すべてを失う

短期勝負では、
いつかはマーケットから
退場することになる

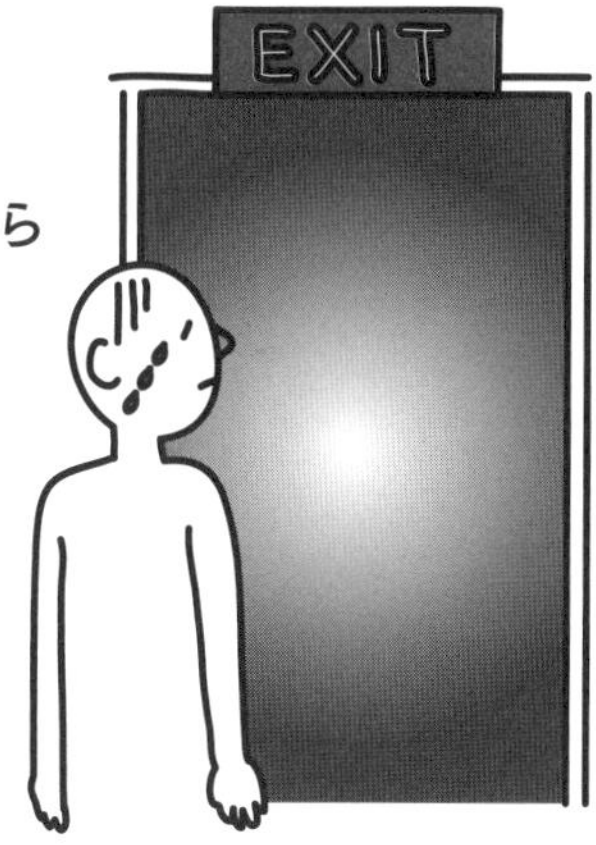

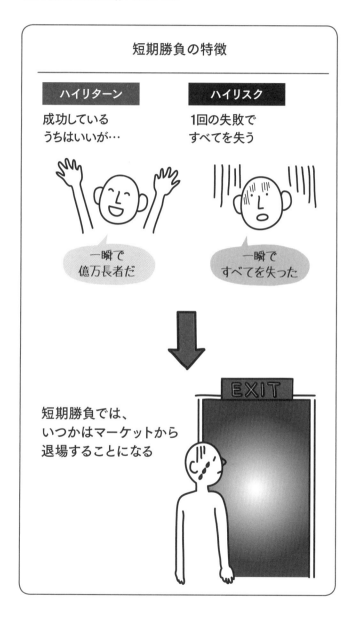

そして、そのように**長期で投資を続けるために大切なことはリスクを取りすぎないこと**です。

☑資産を守るために、何をするべきか

ここまででも、金融の世界の実態をずいぶんわかっていただけたと思います。

何も考えずに何となく資産運用を行っていると気づかないうちに損をするようにできている――これが金融の世界です。

しかし、金融の世界と上手につきあうことで、資産を増やしていくチャンスを得ることができ、将来必要なお金を手に入れることができます。

せっかく築いてきた資産なのですから、自分の未来のために有効に使いたいものです。お金とのよりよいつきあい方を実現するためにもその方法をここで押さえておきましょう。

それは**まず、勉強することによって正しい情報を得ること。**そして、それを実践することです。

CHECK！

勉強はいくらしてもしすぎることはない

アメリカの金融業界の重鎮バーナード・L・マドフが引き起こした巨大詐欺事件――被害総額は650億ドル（6兆円）といわれています。

被害者の中には日本を含む世界中の大手金融機関が多数含まれていました。

金融世界の取引は、勉強熱心なプロですら騙されてしまう巧妙な手口が蔓延しているのです。

資産運用を始める前のチェック❶

✓CHECK 1 円安になるか、円高になるか、わからない場合はどうする？

A 円だけで資産を持つ

B 円と外貨を半分ずつ持つ

✓CHECK 2 金融詐欺で扱われる商品の特徴は？

A ハイリスク・ハイリターン

B ローリスク・ハイリターン

答え

1=B （→18ページ）

2=B （→24ページ）

✓CHECK 3 金融機関のカモになった人はどんな商品を買わされる?

A ローリスク・ローリターン

B ハイリスク・ローリターン

ローリスク?
ハイリスク?

✓CHECK 4 外貨投資の際、為替手数料が安くすむのはどっち?

A FX会社

B 銀行

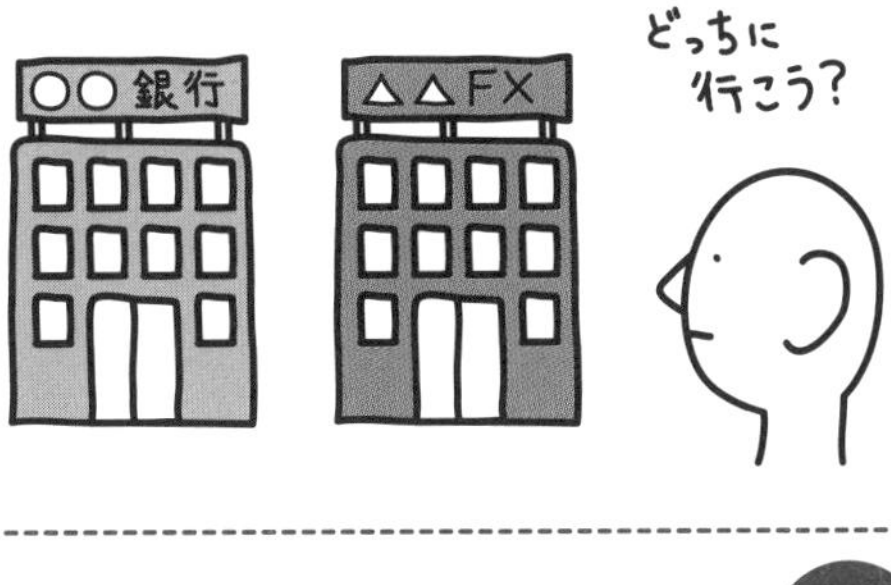
○○銀行
△△FX
どっちに
行こう?

答え
3=B (→30ページ)
4=A (→36ページ)

✓CHECK 5 マネー誌の特集に載っている銘柄情報の活用法は？

A マーケットの共通認識を知るための参考にする

B 載っている銘柄の中から買う株を決める

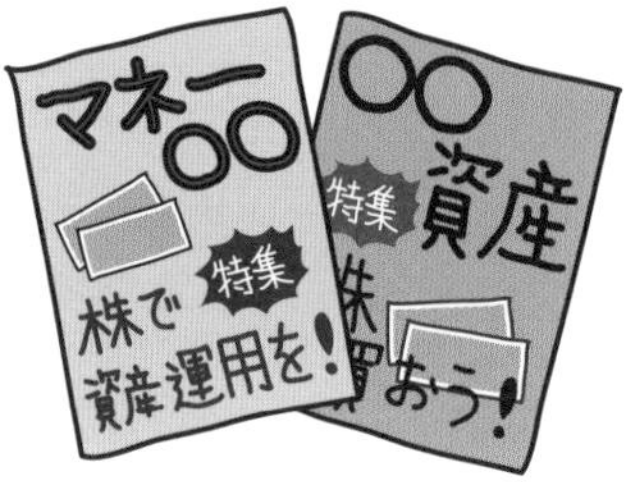

✓CHECK 6 資産を築くために力を入れるべきことは？

A 短期勝負

B 勉強

答え
5=A （→42ページ）
6=B （→48ページ）

PART 2

お金が貯まる人の心の持ち方

07

自分自身を見つめ直す

まずは、人生の目標を設定する

▼資産運用を始める前に、人生の目標を明確にする
▼人生の目標が定まっていれば、長い目で投資に取り組むことができる
▼ビジョンとミッションに分けて、人生の目標を整理する

将来、あなたはどうなりたいのですか？

資産運用に失敗する人の多くは、明確な目標を持たず、お金が増えたらいいなとなんとなく思っている人です。そういうタイプの人は、資産運用をやろうと思った瞬間、とにかく少しでも増やそうと、勉強もせず、計画も立てないまま、いきなり投資を始めます。

しかし、**個人投資家のゴールは、ただ単に資産を増やすことではなく、自分の夢を実現するために必要なお金を手に入れること**のはずです。

正しく投資に取り組むためには、人生の目標を真っ先に設定する必要があるのです。

☑人生の目標があるから真剣になれる

成果を出している投資家は、**人生の目標に向かって投資しているからこそ、あきらめずに継続することができます。**

相場が下がってきたからといっても、人生の目標を実現するためにやっているのですから、簡単にあきらめることはありません。

まして、**一瞬で人生が破滅するかもしれないほどのリスクを取ることもしません。**

すでに投資を始めている人は、まず、お金がなぜ必要なのか、本当にそれだけの額が必要なのか、しっかりと考えてみることが大切です。

☑ビジョンとミッションを考える

人生の目標はビジョンとミッションに分けて整理することができます。

「ビジョン」とは自分が人生で実現したいと思っている具体的な目標です。

誰にでも、「こうなりたい」といった将来の夢があるでしょう。それを具体化して分類

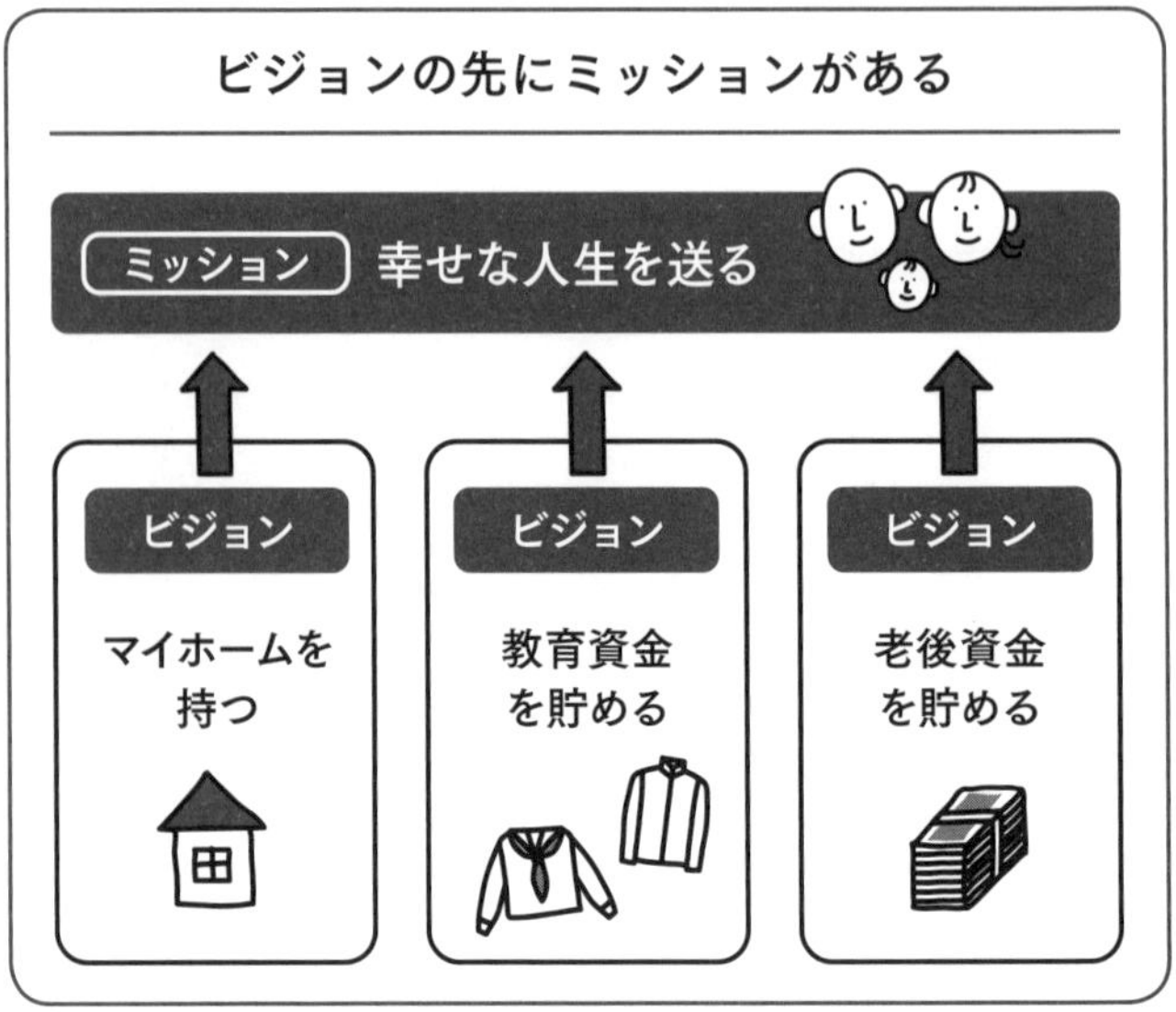
ビジョンの先にミッションがある
ミッション
幸せな人生を送る
ビジョン
マイホームを持つ
ビジョン
教育資金を貯める
ビジョン
老後資金を貯める

したもの——たとえば、「庭付きのマイホームを持つ」「起業する」といったことが、ビジョンです。

そして**ビジョンのさらに先にあるものが「ミッション」**です。

人生の根本的な夢、目標を示す言葉といってもよいでしょう。たとえば、「家族が不自由なく幸せな人生を歩めるようにする」「社会貢献をする」など、抽象的な価値観や根本的な考え方をまとめたものでもよいと思います。

ビジョンとミッションは別々のものではなく、**「ビジョンの先にミッションがある」**という関係が理想です。

人生の目標を持たずに資産運用を始める人の特徴

CHECK！

初心者は始めるタイミングを逃しがち？

「円高になったら、外貨預金を始めよう」「株価がもう少し下がってから、株を買おう」などと考えていたら、いつまで経っても資産運用は始められません。

投資の成果に大きく影響を与えるものは売り買いするタイミングの他にあります。

本書で勉強をして、準備が整い次第、タイミングを気にせず、始めましょう。

株価が
下がったら
買います
もう少し
円高になるのを
待ってます
結局投資
しない人

資産運用をする理由

人生の目標があるから継続できる

08

成功するためのコツをつかむ

リスクとリターンの関係を理解する

▼金融の世界でいうリスクとは「不確実性」のこと
▼リスクを取らないと、リターン（利益）を得る可能性もなくなる
▼リスクの取り方を決めることから、資産運用が始まる

☑お金の話はすべて「リスクとリターン」で説明できる

お金のことを考えるとき、最も基本となるのは「リスク」と「リターン」の関係です。お金が貯まる人は、この関係をしっかりと理解しています。

まず、**リターンというのは投資したとき、どのくらい儲かるかという利益**のことです。

一方の**リスクは「不確実性」**のことです。「リスク＝危険」と誤解している人が多く見られますが、金融の世界でいうリスクは違います。

リスクが高いというのは「将来どうなるかが予想しにくい状態」、リスクが低いというのは「将来どうなるかが予想しやすい状態」です。

金融商品でいえば、定期預金はリスクが低いといえます。金利が決まっており、将来利息をいくらもらえるかはっきりしているからです。

一方、株式はリスクが高いといえます。将来上がるか下がるかわからないからです。

リスクとリターンは親密な関係にある

24ページでもお話ししましたが、リスクとリターンには、

- **ハイリスク・ハイリターン**
- **ローリスク・ローリターン**

という関係が成り立ちます。

つまり、**リスクを取らなければリターンはない**ということです。ただし、リスクを取っても必ずしもリターンがあるとは限らないので、注意が必要です。

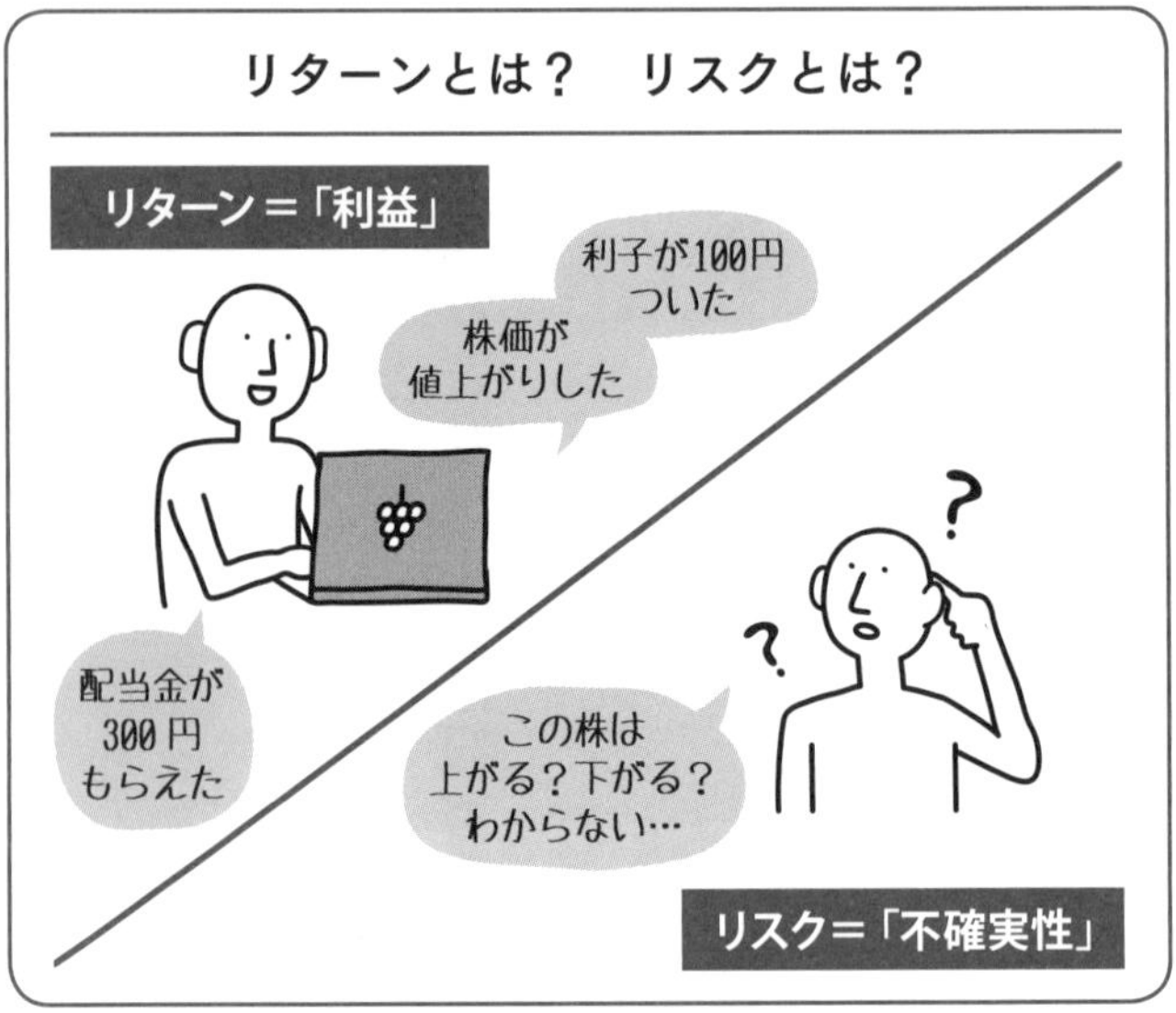
リターンとは？　リスクとは？
リターン＝「利益」
利子が100円ついた
株価が値上がりした
配当金が300円もらえた
この株は上がる？下がる？わからない…
リスク＝「不確実性」

では、どういうことかと言いますと、リスクを取ることによって、リターンを得られる可能性が高まるということです。

リスクの取り方を決めてリターンを狙っていく

資産運用というのは、リスクをどのようにしてどこまで取るのかを決めて、リターンを狙う行為と定義することができます。

投資をする前に勉強が必要だというのも、リスクの取り方を決めるために知識や情報が重要な役割を果たすからです。

リスクを取らないで普通預金にお金を置いておけば不確実性（リスク）はありませんが、資産はほとんど増えません（また、円安やイ

リスクとリターンの関係（イメージ）

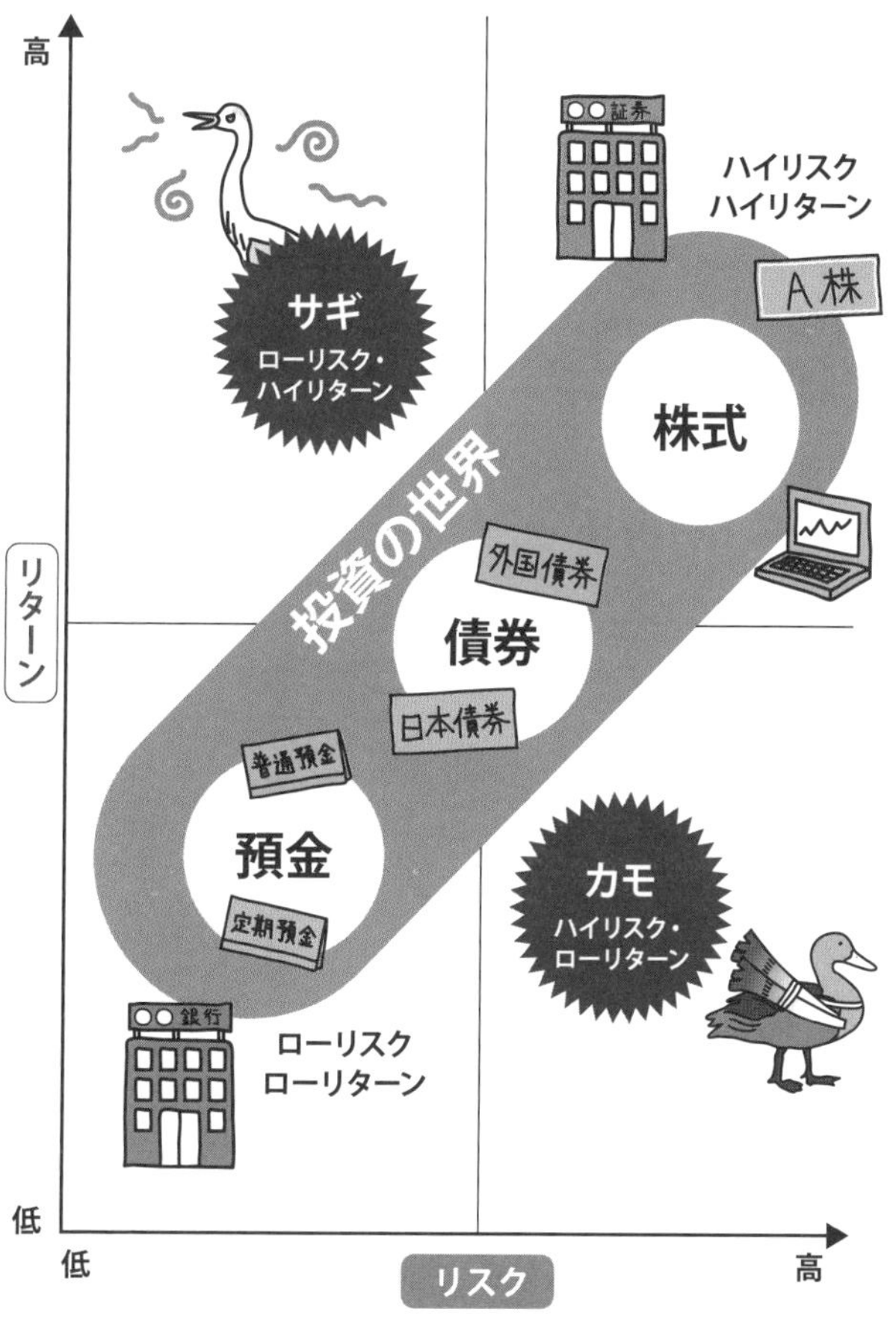

ンフレに対応できず、「リスクを取らないリスク」が発生していることも忘れずに)。どの金融商品にリスクを投入して、どんなリターンを狙うか、投資戦略を考える必要があるのです。

CHECK！

大きなリスクを避けるには「分散」投資が有効

株の場合は、いろいろな銘柄に投資することによって、個々の持つリスクを減らすことができます。

また、株だけでなく、国債や外貨投資、投資信託など**異なるリスクの金融商品に投資する**ことでリスク回避の効果があります。

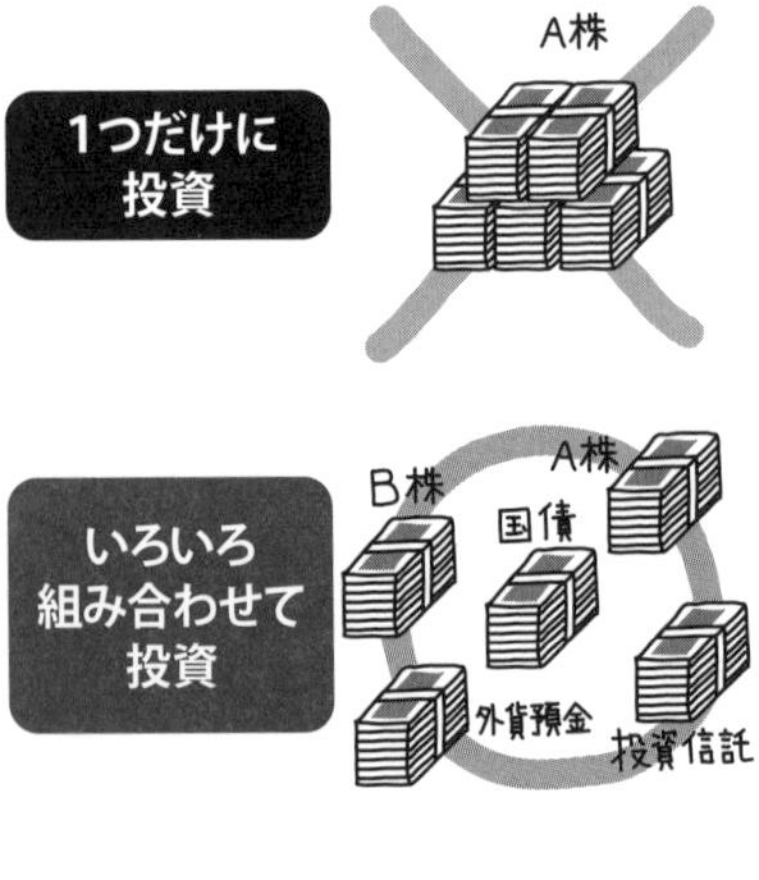
A株
1つだけに投資
A株
B株
国債
外貨預金
投資信託
いろいろ組み合わせて投資

09

成功するための
コツをつかむ

信頼できるお金の相談相手の探し方・見分け方

▼金融業界のワナにはまらないために、信頼できる相談相手を探す
▼実務面だけでなく、精神面を支えてくれる人が必要
▼資産運用を専門分野とする信頼できるファイナンシャルプランナーがよい

☑相談相手にするべき人は?

金融業界には、素人を合法的に陥れようとする「ワナ」がいたるところにかけられています。金融詐欺のような犯罪行為でなくても、合法的に損をさせられてしまうこともあるのです。

そこで**大切なのが信頼できる相談相手を見つけること**です。

個人の金融の世界で専門家というと、まず頭に浮かぶのが「ファイナンシャルプランナー

（資産運用コンサルタント）」でしょう。ファイナンシャルプランナーには、さまざまな機能があります。

まず、**「具体的な資産運用方法をオーダーメイドで作成する」**機能です。

また、実際に運用を始めてから定期的に**「資産運用状況の管理のサポート」**もしてもらえます。リバランスの方法や運用方針の変更に伴うアセットアロケーション（資産配分）の変更にも対応してもらえます。定期的なチェックは効率的な資産運用には不可欠なのです。

それから、**「資産運用に関する情報提供」**機能もあります。金融商品の知識、規制や税制の変更をはじめマクロ経済の情報、海外を含めた金融に関する最新情報など、個人では難しい情報収集をサポートしてくれます。

☑精神面でも支えてくれる力強い味方

ファイナンシャルプランナーには、さらに**「資産運用のメンター」**としての機能もあります（メンターとは、指導者・助言者のこと）。

投資を続けるのはとても大変です。相場上昇時はよいのですが、下落時に「もうやめた！」

ファイナンシャルプランナーの機能
（資産運用コンサルタント）

❶運用方法をオーダーメイドで作成

日本株に100万
外貨に500万

❷定期的な管理をサポート

配分を
調整しましょう

❸運用に関する情報提供

税制が変わります
メールみてくださいね
はい

❹運用のメンターとなる

様子を
みましょう
資産が
なくなり
そうだ…

となってしまっては、そこで負けが確定してしまいます。そんなストレスのかかるときに、ファイナンシャルプランナーがメンターとなり精神面を支えてくれるのです。

継続がカギである投資において、メンターがいてくれることは重要です。

☑ファイナンシャルプランナーを選ぶポイント

①資産運用を専門分野とするファイナンシャルプランナーを選ぶこと

ファイナンシャルプランナーであれば、一定の金融知識を持っている人であることは確かですが、業務経験のバックグラウンドによって保険、税金、住宅ローン、金融商品など強みが異なります。**全員が資産運用のプロというわけではないのです。**

②人として信頼感が持てること

資産を長期で運用することから、おつきあいは10年、20年単位で続きます。ネットや紹介で候補者を見つけたら、まずは実際に会ってみるといいでしょう。その上で**安心して気持ちよく相談できる人を選んでください。**

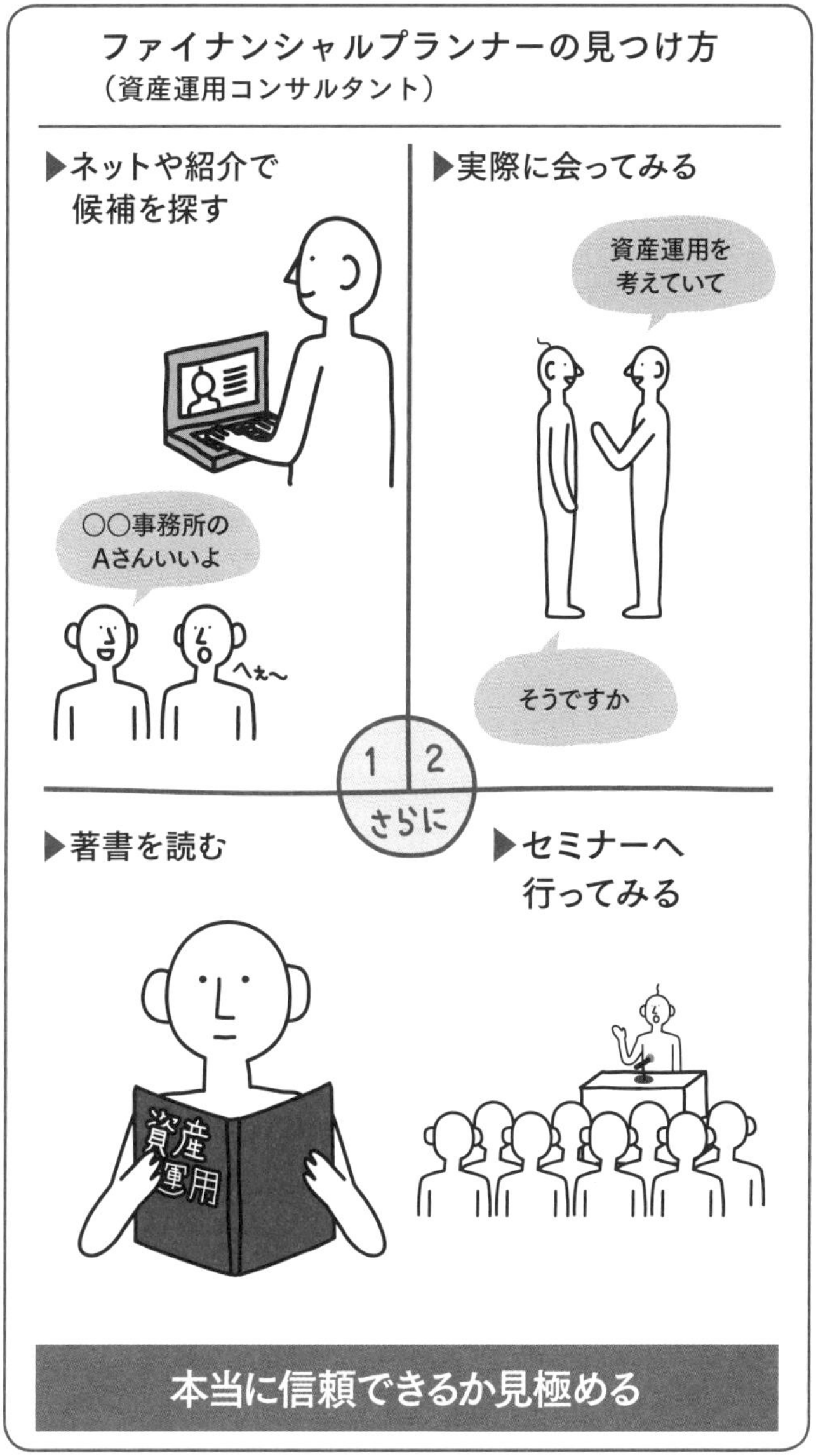
ファイナンシャルプランナーの見つけ方
（資産運用コンサルタント）
▶ネットや紹介で候補を探す
○○事務所のAさんいいよ
へぇ〜
▶実際に会ってみる
資産運用を考えていて
そうですか
1
2
さらに
▶著書を読む
資産運用
▶セミナーへ行ってみる
本当に信頼できるか見極める

CHECK！

お金のことは「自分よりお金持ち」に相談する

もし、あなたに金融資産が1000万円あったとしたら、金融資産300万円の専門家と金融資産3000万円の専門家のどちらを選ぶべきでしょうか？

断然、後者でしょう。その人の**実体験に基づく現実味があるアドバイスがもらえる**からです。

相談相手の資産規模だけが判断材料とは言いませんが、資産を持たない人に資産運用の相談をするのは、不健康な医者に健康相談をするようなものです。

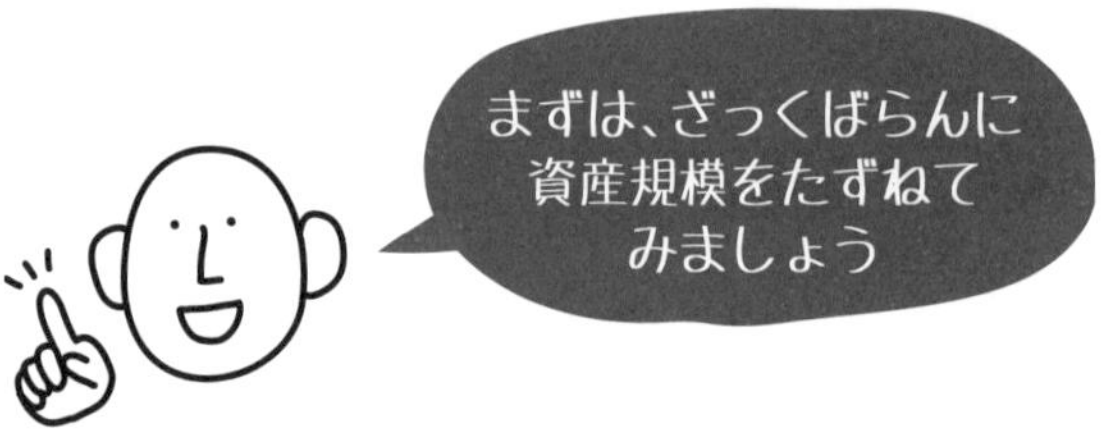
まずは、ざっくばらんに
資産規模をたずねて
みましょう

ファイナンシャルプランナーの選択基準
（資産運用コンサルタント）

❶資産運用を専門としている

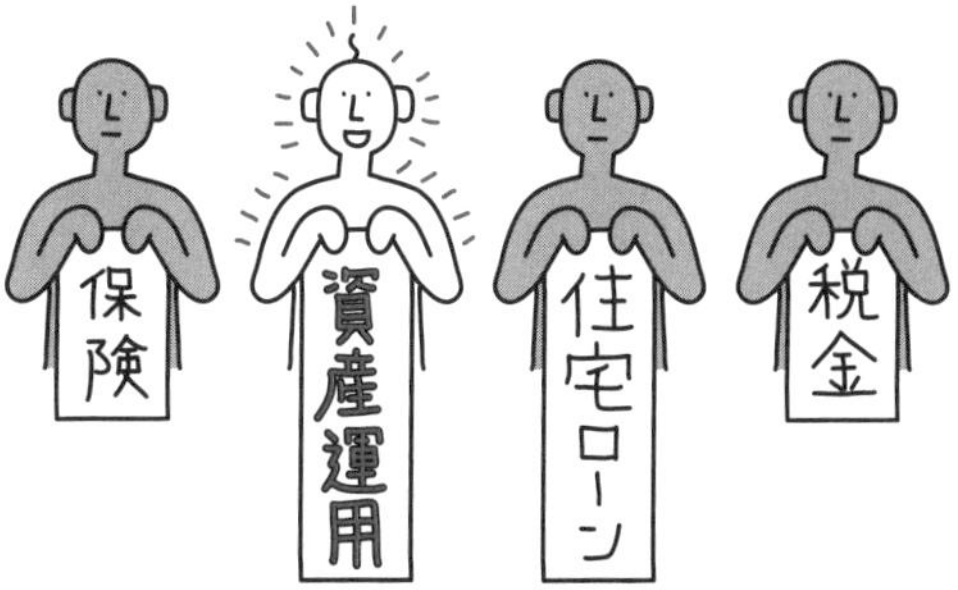
保険
資産運用
住宅ローン
税金

ファイナンシャルプランナーは
日本国内だけでも 20 万人いる。
全員が資産運用のプロではない

❷人として信頼できる

20年後も続く関係

よろしく
お願いします
いつも
ありがとう
ございます

安心して気持ちよく
相談できる相手を選ぼう

10

成功するためのコツをつかむ

資産運用を長く続ける仕組みを作る

- ▼投資は「やめないこと」が大切。気持ちに余裕を持って行おう
- ▼続けるコツ――仲間作り・手間をかけない・習慣化・メンターを見つける
- ▼短期の成果ではなく、長期で結果を出すことを目指そう

☑投資をする際の最重要ポイントは「やめないこと」

相場が急落すると、当然ですが資産は減ってしまいます。投資を始めれば必ず資産が増えるというわけではないのです。

しかし、市場全体を長期的に見ると、相場は実体経済の成長に見合った右肩上がりの上昇を実現してきました。

つまり、**少なくとも今までは、下げ局面でも運用をあきらめず継続していれば、いずれ**

相場が回復していたということです。

とすれば、**大切なことは「投資をやめない」こと**です。実際、結果を出している投資家は下げ局面でも投資を継続し、長期でリターンを実現しています。

また、市場の大変動も後から振り返るとむしろ安く資産を購入するチャンスであったことがわかるでしょう。

短期的な視点ではなく、将来から現在を見て、チャンスはどこにあるかを考えるような大局観を持ちましょう。そして、下げ局面でも落ち着いた対応ができるよう心がけましょう。

長く続けられる体制を整える

長期で資産運用を続けるためには、続けられる体制を整えることが大切です。

たとえば、**仲間を作る、手間をかけない方法を考える、習慣化する、メンターを見つける**などです。

仲間を作るというのは、同じような投資方法をしている人とつながりを持つことです。

毎朝のジョギングでも一人だと三日坊主になりがちですが、友達と一緒にやれば続けられます。

同様に、**投資も同じような目的の仲間を作れば、やめることなく続けられる**でしょう。

次に、手間や負担がかからないようにするためには、管理方法を工夫しましょう。**定期的に、資産の一覧を手元に用意して、アップデートしていく**のです。

そうすることで、取引のたびに時間をかける必要がなく、運用や管理を生活の一部として、習慣化することもできます。

そして、やり方に悩んだり、困ったりしたときには、信頼できるメンターがいれば安心です。資産運用を始める際にも、目標やお手本になる人がいるとやりやすいでしょう。**最初はマネをしながら、徐々に自分のやり方を確立していけばいい**のです。もし身近にそのような人が見つからない場合は、投資本の著者や著名な投資家でも構いません。

☑短期で勝っても長期で勝たなきゃ意味がない

投資はマラソンレースのようなものです。短期で成果が出ても、長期で結果が出せなければ意味がありません。最終的なトータルが重要なのです。

目先の動きにとらわれることなく、**継続こそ勝利の条件**と心得て続けていきましょう。

下げ局面を耐え抜く

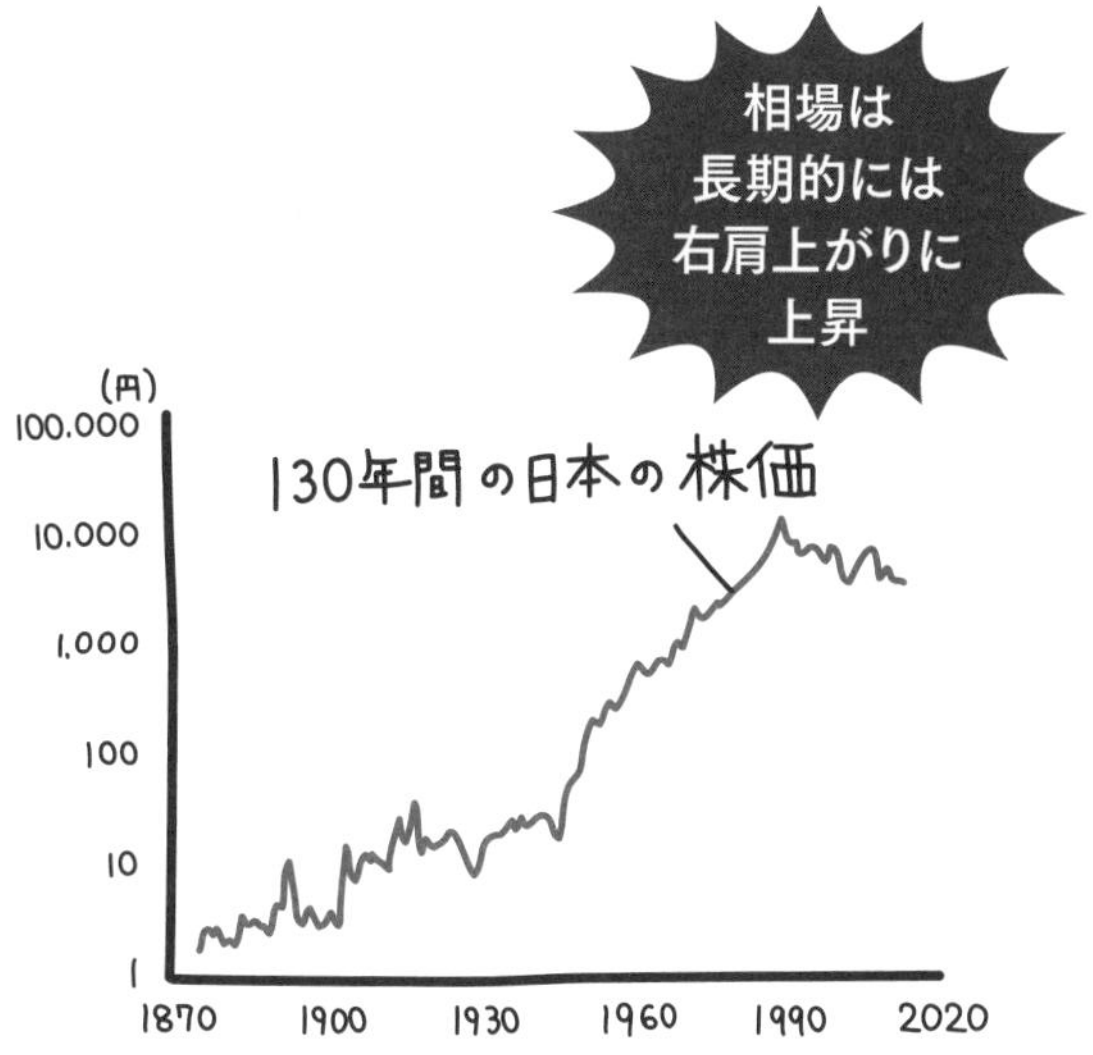
相場は
長期的には
右肩上がりに
上昇
(円)
100.000
10.000
1.000
100
10
1
130年間の日本の株価
1870
1900
1930
1960
1990
2020

出所：「The Capital Tribune Japan」ホームページを参考に作成

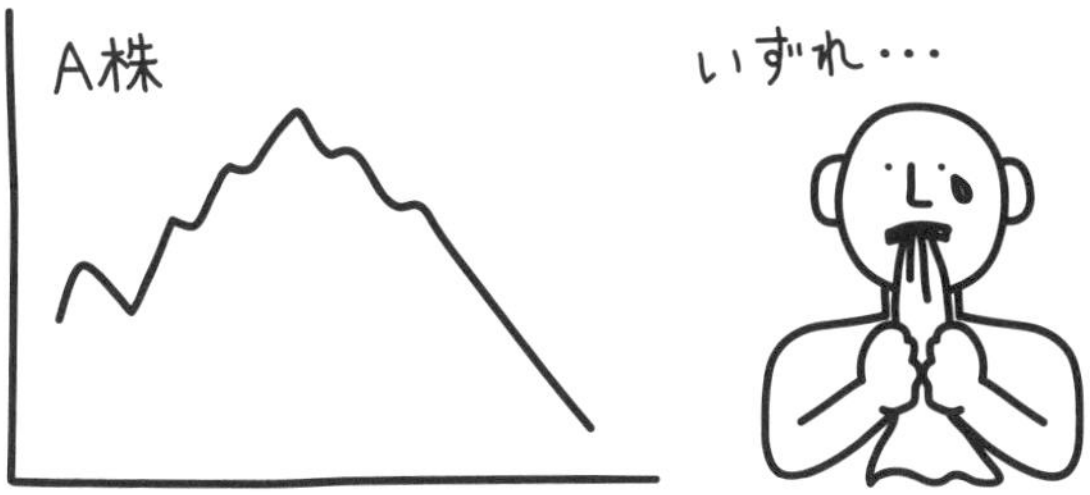
A株
いずれ・・・

下げ局面でもあきらめないことが大切

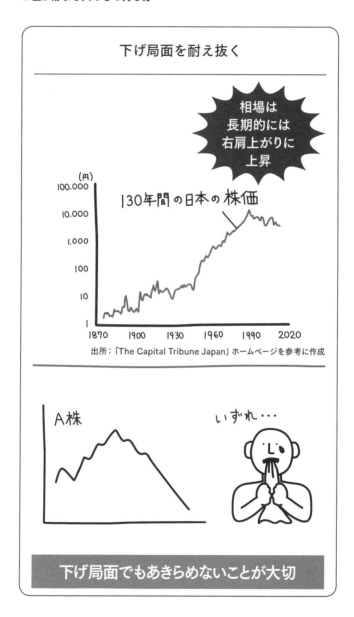

CHECK！

投資をやめたくなる一番の原因とは？

投資をやめてしまう原因のトップは、**「損をして嫌になった」**です。目先の動きにとらわれ、思うように資産が増えないからと挫折してしまうのです。

マーケット環境が悪化したときは、**同じような境遇の投資家で集まり、意見交換をするといい**でしょう。そこから何をすべきか冷静に考えることができます。

いまの
市場は…
マーケットの見方や、
これからの投資方針に
ついて話し合う

長期で運用を続ける方法

❶仲間を作る

❷手間をかけない

❸習慣化する
ex.3カ月に1回やる

❹メンター（相談相手）を見つける

資産運用を始める前のチェック❷

✓CHECK 1 資産運用を始める前に、まずすることは？

A 人生の目標を設定する

B 投資する株の銘柄を決める

✓CHECK 2 ビジョンとミッションの関係は？

A ビジョンの先にミッションがある

B ミッションの先にビジョンがある

答え 1=A（→58ページ） 2=A（→58ページ）

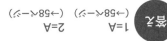

✓ CHECK 3 金融の世界で「リスク」はどんな意味？

A 危険

B 不確実性

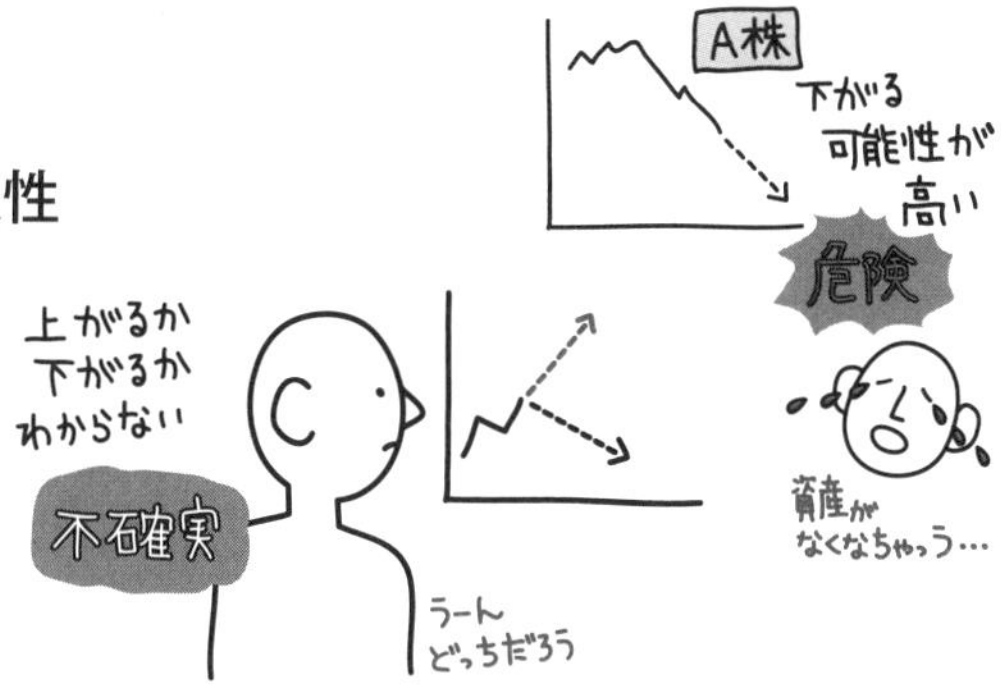

✓ CHECK 4 資産運用するにあたって、まずどちらの取り方から決める？

A リターン

B リスク

答え
3=B（→64ページ）
4=B（→64ページ）

✓CHECK 5 金融の世界の専門家といえば？

A ファイナンシャルプランナー
（資産運用コンサルタント）

B 銀行の窓口担当

資産運用の
ファイナンシャルプランナー
○○銀行
窓口

✓CHECK 6 投資で最も重要なことは？

A 継続すること

B 損をしたら、
すぐにやめること

ゴールまで
走りつづける
下げ局面に
なったら
リタイアする

答え
5=A
（→69ページ）
6=A
（→76ページ）

PART 3

資産運用するための準備

11

現況を一つ一つ
丁寧に確認していく

STEP 1

資産の現状を把握する

▼自分自身の資産はいくらあるのか、きちんと把握するのが第一歩
▼すべての銀行の通帳、証券会社の取引残高報告書を集めよう
▼「株式型と債券型」「円貨と外貨」など資産の分類をマスターしよう

☑全資産を洗い出す
これから投資を始める人の場合

これから投資を始める人は、おそらく資産のほとんどが銀行にあることと思います。

複数の銀行に口座を持っている人は、それぞれの**銀行の預金（普通預金、定期預金）が現在いくらあるのかを調べて合計**します。

銀行の預金残高は通帳の最新の記帳分を確認しましょう。毎月、報告書が郵送されてくる銀行もあります。また最近では、ウェブサイトでも残高を見ることができます。

☑ 全資産を洗い出す

すでに投資を始めている人の場合

すでに始めている人は、まずデータを集めましょう。**銀行なら預金通帳、証券会社なら取引残高報告書**です。

証券会社の取引残高報告書は、通常3、6、9、12月の各四半期末に作成され、翌月中旬くらいまでに郵送されてきます。

これらを使って、**現在、資産を預けているすべての金融機関を洗い出し、データを取得**します。今、自分がいくらの金融資産を持っているのか、すべての資産を最新のタイミングで評価しましょう。

☑ リスクの大きさで資産を振り分ける

データがそろったら、次は商品別に6つのグループ（これをアセットクラスといいます）

に振り分けます。**同じリスクを持つものを同じグループに分類していく**のです。

最初に行うのは、**株式型と債券型に分ける**（Ⓐ）ことです。

株式型：株価が変動することによって元本が増えたり減ったりする資産
債券型：定期預金や債券のように定期的に金利を受け取れ、満期で元本が戻るもの

その次に、**為替リスクの有無による分類**（Ⓑ）をします。

円建ての資産には為替リスクはありませんが、外貨建ての資産は円高になると資産が減り、円安になると資産が増えます。

Ⓐと Ⓑ、この2つの分類方法を組み合わせると、①日本株式、②日本債券、③外国株式、④外国債券の4つのグループに分けることができます。

さらに、普通預金や証券口座の余裕資金を自動運用するMRF（マネーリザーブファンド）のように**いつでも現金化できる資産を流動性資産**とし、5つめのグループとします。

そして、これら5つのグループのどれにも当てはまらないもの、たとえば不動産、コモディティ（商品）などを6つめのグループとします。

金融資産の洗い出し方

預貯金の場合

A銀行
B銀行
ATM
記帳したり、
ネットで調べる

**口座のある銀行の
最新の残高をそろえる**

投資データの場合

C証券
D証券
取引残高報告書
通常
3、6、9、12月末に
作成され、
郵送されてくる

証券会社からの取引残高報告書を集める

このようにして、①日本株式、②日本債券、③外国株式、④外国債券、⑤流動性資産、⑥その他の資産の6つに分類していくのです。

CHECK！

なぜ資産を6つに分類するのか？

リスク別にグループ化して管理することで、**資産の全体像をとらえやすくなります。**

ではなぜ6つかというと、あまり細かく分類しすぎると、リスクの所在がわからなくなってしまうからです。しようと思えばいくらでも細かく分類できますが、**ざっくりと6つくらいがちょうどいい**のです。

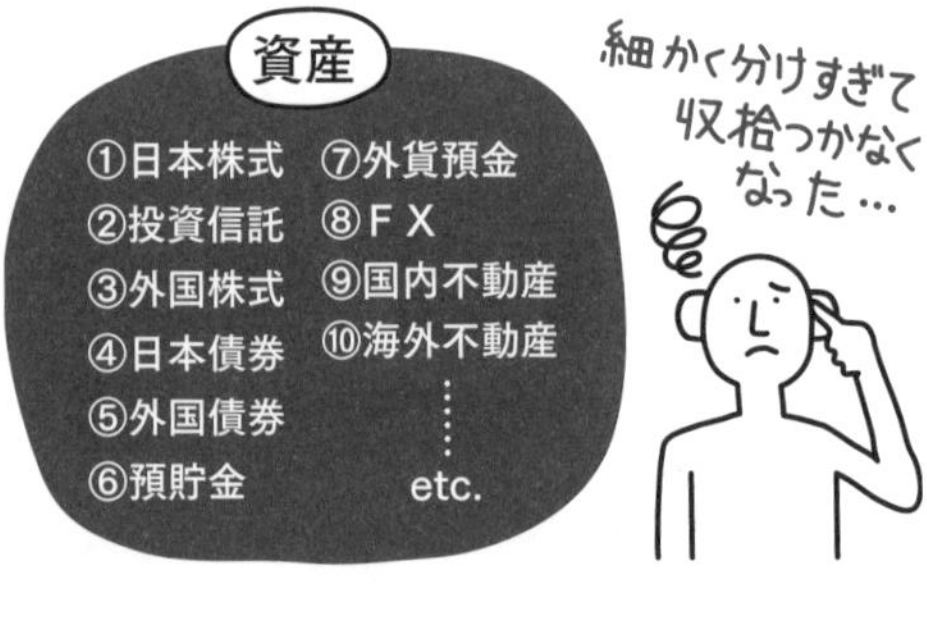

資産
①日本株式
②投資信託
③外国株式
④日本債券
⑤外国債券
⑥預貯金
⑦外貨預金
⑧FX
⑨国内不動産
⑩海外不動産
etc.
細かく分けすぎて
収拾つかなく
なった…

全資産をリスクの大きさで6つに分類する

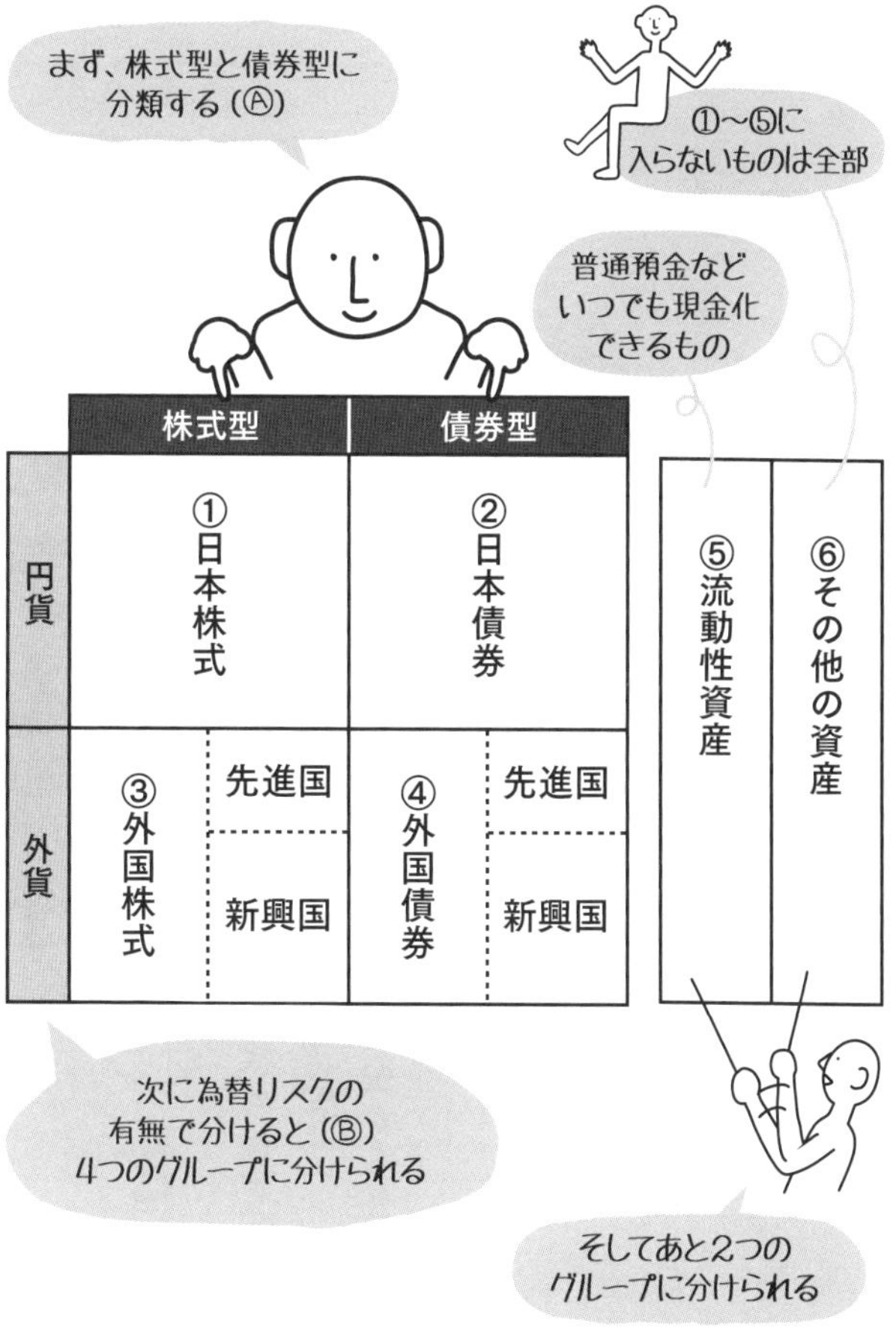
まず、株式型と債券型に
分類する（Ⓐ）
①〜⑤に
入らないものは全部
普通預金など
いつでも現金化
できるもの
株式型
債券型
円貨
外貨
①日本株式
②日本債券
③外国株式
先進国
新興国
④外国債券
先進国
新興国
⑤流動性資産
⑥その他の資産
次に為替リスクの
有無で分けると（Ⓑ）
4つのグループに分けられる
そしてあと2つの
グループに分けられる

12

現況を一つ一つ丁寧に確認していく

STEP 2

現在のアセットアロケーション（資産配分）を出す

▼持っているすべての資産を時価で評価し、現状の資産配分を知る
▼手元に残しておくのは、生活費の3カ月分が目安
▼10年以内に使うとわかっている資金も投資資金から外す

☑時価を使って現状の資産配分を計算する

投資で最も重要なのは、アセットクラスそれぞれに「どのように資産を配分していくか（要はいくらずつ投資するか）」です。

資産を前項の6つのアセットクラスに分けることができたら、次はそれぞれのアセットクラスの全資産に対する比率を出しましょう。

まずはそれぞれの合計金額を出します。**計算するときは、購入したときの価格ではなく、**

現在のアセットアロケーションの出し方

① 保有する金融資産のデータを時価評価する

↓

② 6つのアセットクラス別に合計金額を出す

↓

③ 全資産の合計金額を出し、現在のアセットアロケーションを計算する

直近の価格（時価）を使います。

定期預金や普通預金は残高をそのまま入力して問題ありません。

しかし、株式や投資信託は時価が変動します。証券会社の取引残高報告書に記載されている時価を使いましょう。

また、外貨預金や外貨で投資している資産は、為替レートが評価額に影響します。評価はすべて一定時点の円ベースの評価額にしましょう。**外貨建て資産の場合は、外貨資産金額に為替レートをかけて算出**します。

このように個々の時価を出し終わったら、アセットクラス別の合計金額と全資産の合計金額を出します。そして、**アセットクラス別に全資産に対する比率を計算**します。

これで自分の資産全体がどのような資産配分（アセットアロケーション）になっているかを一覧することができます。

☑ 生活費の3カ月分は手元に残しておく

現状のアセットアロケーションを出すことで、自分が持っている資産の中から投資に回す金額が決まります。

万が一の場合に備えて、手元に残しておくべき資金についてですが、私は**生活費の3カ月分**でよいと思います。毎月の生活費が30万円の人なら90万円です。

少ないのではないかという人もいるかもしれませんが、通常、働いている人なら生活費分は毎月、定期収入として入ってきます。また、いざというときは投資に回している資金の一部を解約して現金化することも可能です。

☑ 10年以内に使う予定のある資金も置いておく

車の買い替えや子供の入学金など、**10年以内に必要だとわかっている資金**もリスクのある投資に回してはいけません。

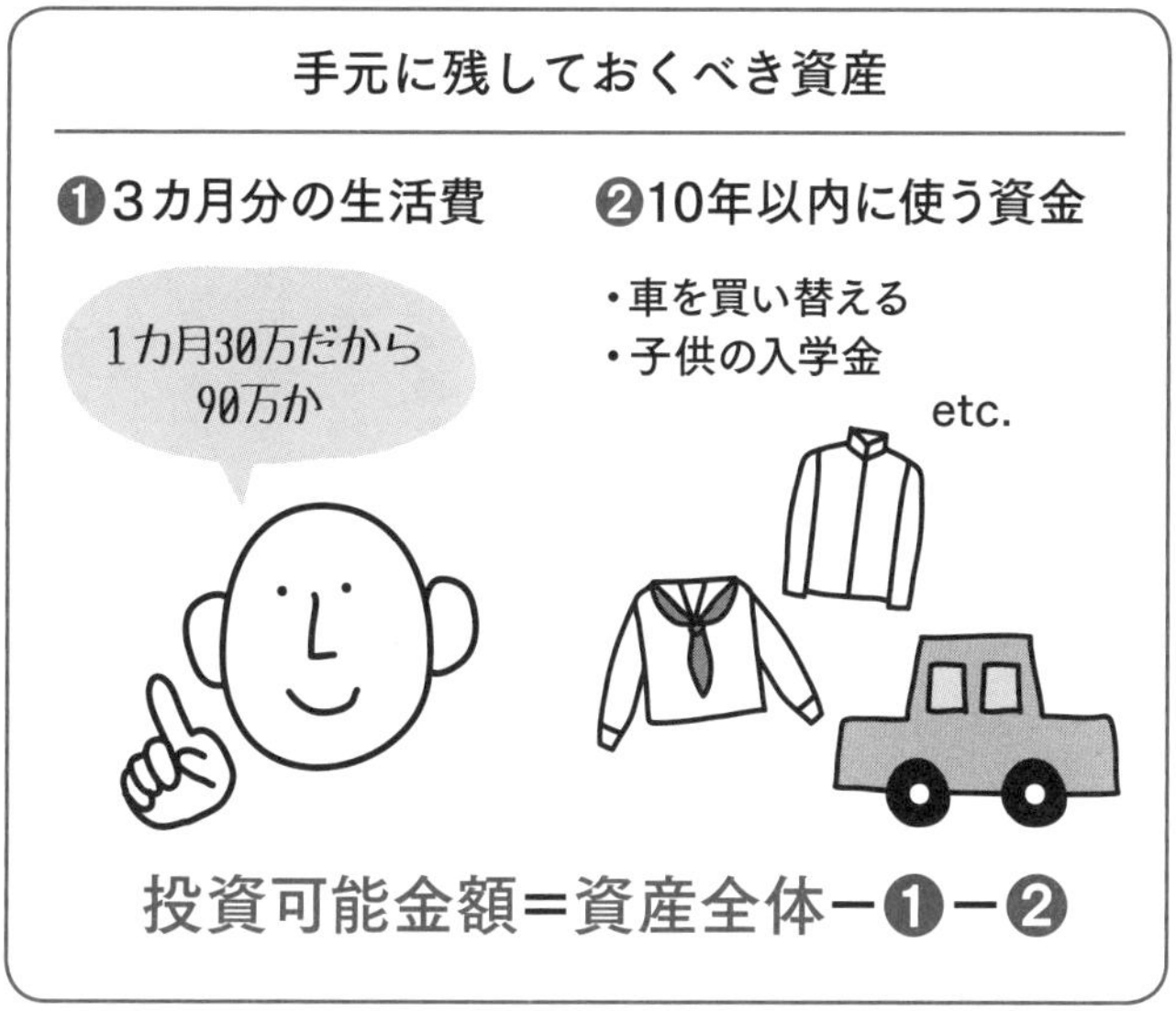
手元に残しておくべき資産
❶3カ月分の生活費
1カ月30万だから
90万か
❷10年以内に使う資金
・車を買い替える
・子供の入学金
etc.
投資可能金額＝資産全体－❶－❷

必要なときに資金が減ってしまっているかもしれないからです。

つまり、

〈資産運用の投資可能な金額〉＝「持っている資産全体」－「生活費の3カ月分」－「10年以内に使う資金」

となります。

もし、それでもリスクの取りすぎが不安だという人は、投資可能金額の全額ではなく一部だけを投資に振り分けるといいでしょう。

投資に回さない資金は当面、定期預金などで運用し、タイミングを見て追加投資をすればいいのです。

CHECK！

投資で最も重要なのはアセットアロケーション

多くの人が勘違いしがちなのですが、**運用成績の大半を決めるのは、「どの株を買うか」「いつ買うか」といったことではありません。**「アセットアロケーションをどうするか」です。

要は、それぞれのアセットクラスに**どのように資産を配分していくか、いくらずつ投資するかが大事**ということなのです。

アセットアロケーションが管理できていれば、銘柄選択や投資タイミングは、考える必要は無いのです。

大事なのは
アセットアロケーション
だよ！
どの株が
いいだろう？
よし、
もう少し
相場が
下がってから
にしよう

アセットアロケーションの計算方法

全資産合計 100 万円

①日本株式	41.5 万円
②日本債券	2.5 万円
③外国株式	7.6 万円
④外国債券	5.1 万円
⑤流動性資産	42 万円
⑥その他の資産	1.3 万円

たとえば、
アセットクラスのそれぞれの金額が
上のような場合、下のグラフのような
アセットアロケーションになる

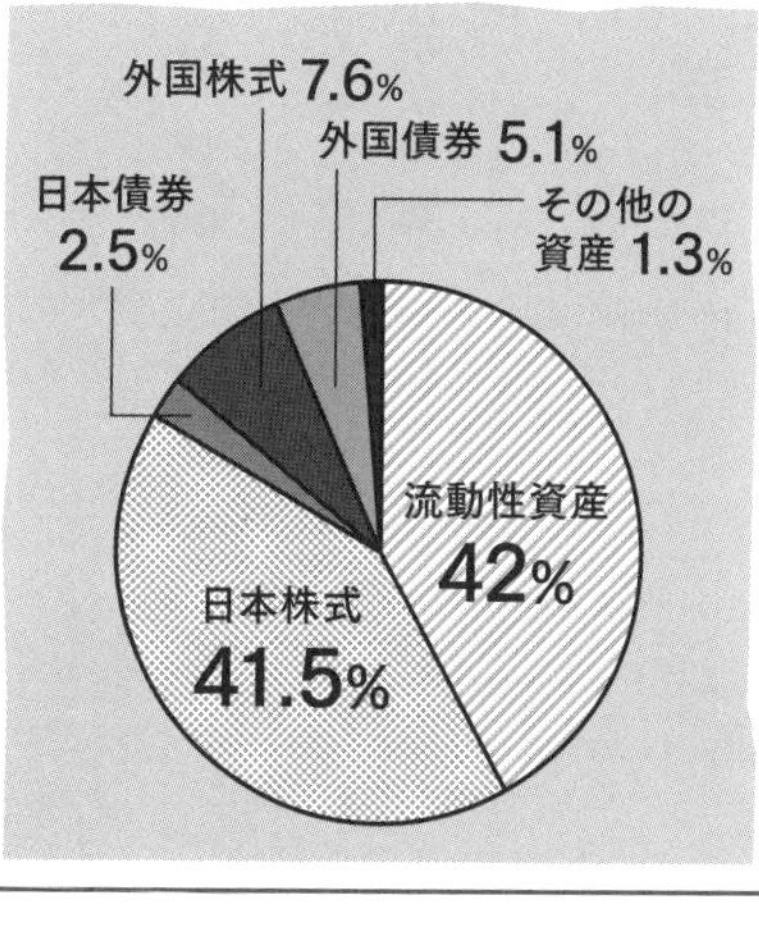

13

将来を具体的に思い描く

STEP 3

資産運用の目標を設定する

▼資産運用は、人生の目標をかなえるためのもの
▼人生の目標を確認したら、具体的な時期と金額を決めていく
▼現状を把握し、資産運用の目標が決まってこそ戦略を練ることができる

☑行き着くべき場所を定める

現状把握（自分がどこにいるのか）ができたら、次にやるべきことは、目標設定（自分がどこにいつまでに行きたいのか）です。

現状把握と目標設定が完成してはじめて戦略（何をすべきか）が描けるようになります。

STEP1と2で行った現状把握は、比較的簡単だったと思います。しかし、将来、自分に必要な資産を予想するのは簡単ではありません。

「いつまでにいくら必要か」という、金額と達成時期を明確にしなければ、何をしたらよいのか漠然としてしまいます。**資産運用の目的地が曖昧では、投資はうまくいかないのです。**

☑目標を設定する前に知っておくべきこと

58ページでもお話ししましたが、まず具体的な金額の目標を設定する前に、理解しておいてほしいことがあります。

「お金とは人生の目的ではなく、あくまで手段にすぎない」ということです。

自分にはやりたいこと、実現したいことがあって、それを現実化するために必要なお金を手に入れるという考え方です。

お金が主ではないのです。**人生の目標が主なのです。**

そのため、必要な金額をはじき出すには、あなたの人生でやりたいことが明確になっている必要があります。

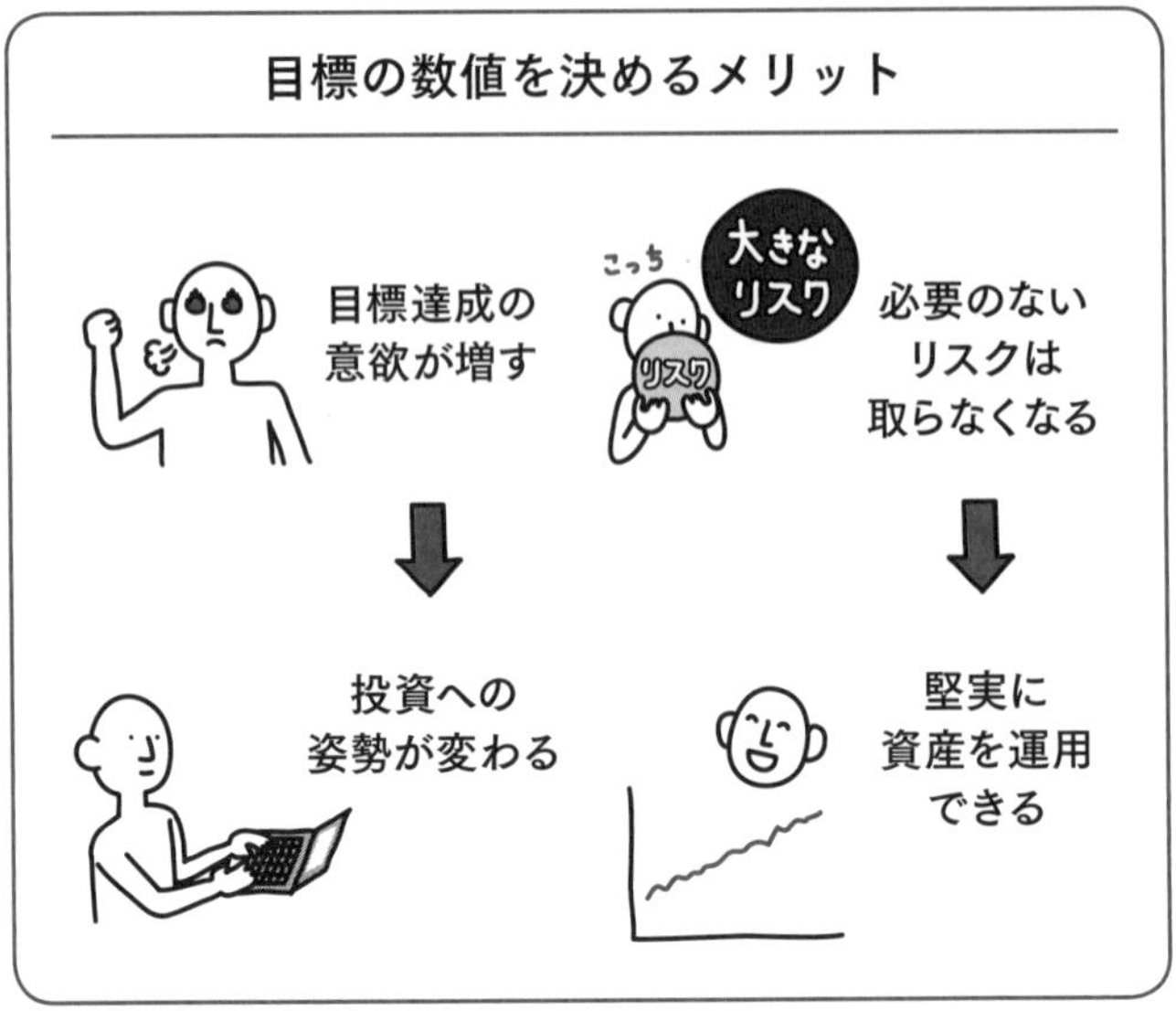
目標の数値を決めるメリット
目標達成の
意欲が増す
こっち
大きな
リスク
リスク
必要のない
リスクは
取らなくなる
投資への
姿勢が変わる
堅実に
資産を運用
できる

人生の目標に対して「いつまでにいくら」を決める

人によって人生の目標が違うのと同様に、いつまでにいくらのお金が必要なのかということも違います。

たとえば、「15年後に、家をリフォームするための資金として300万円」「30年後に定年退職した後の老後資金に5000万円」というようにです。

「いつまでにいくらか」が決まったら、現在持っている資産と今後追加していく資産をどのように運用していくか、その方法を考えます（111〜121ページ）。

一つ注意しなければならないのは、**資産運**

投資戦略を練る前にしなければいけない 2つのこと

現状把握 … 自分がどこにいるのかを知る

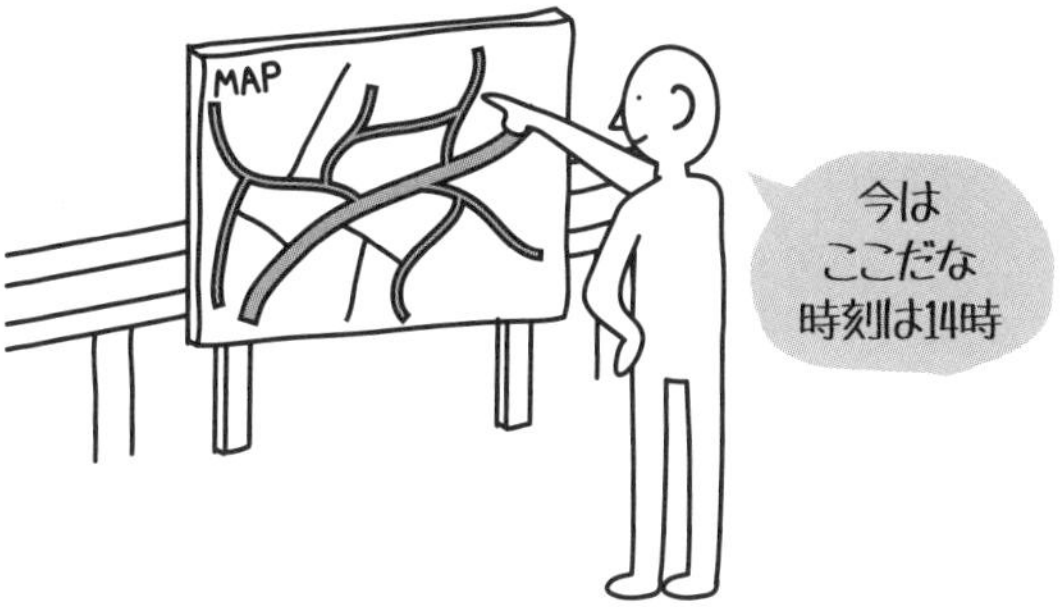

＋

目標設定 … どこにいつまでに行きたいのか決める

↓

ようやく戦略が立てられる

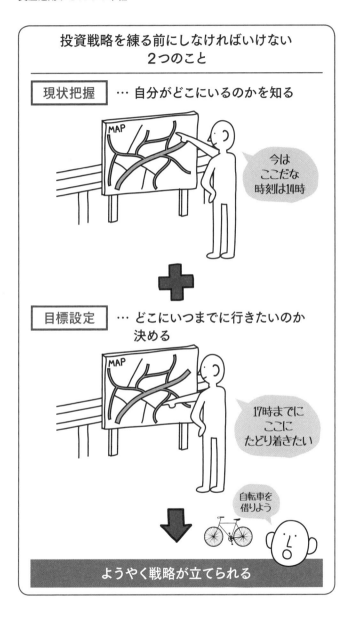

用で想定されるリターンは、不確実なものということです。

早く目標額までたどり着くこともあれば、予定より年月を要したり、減ってしまうこともあります。**計画を立てたところで、想定通りにいくことのほうが珍しい**でしょう。

しかし、目標の数値をはっきりとさせることで、達成への意欲が増し、投資への姿勢もより真摯に変わってくるでしょう。

何よりも、取るべきリスクがわかることで、不用意に大きなリスクを取ることがなくなります。資産を健全に運用していくためにも有効なのです。

目標設定を行うのは、企業経営において事業計画を立てるのと同じことです。やみくもに資産を増やそうとするのではなく、自分のペースに合った方法を設定することで、焦らず安心して資産運用を続けることができるようになります。短期的に思うようにいかないことがあっても、長期的な視点で考えるようにしましょう。

「いつまでにいくら」を決める

目標…マイホームを持つ

いつまでに…15年後

いくら…1000万円

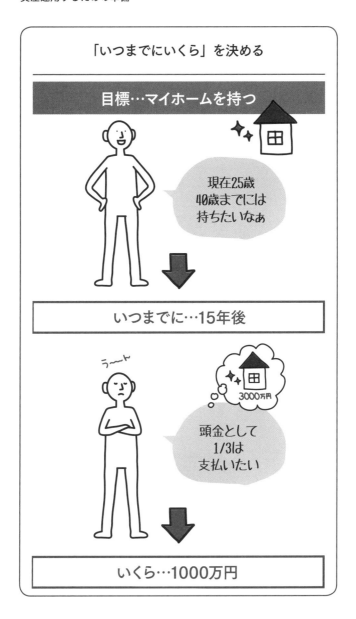

CHECK！

目標は途中で変えてもいい

時間が経てば、資産運用を始めた頃とは、生活スタイルや家族構成など取り巻く環境が変わるでしょう。そうした場合、**その都度、人生の目標も資産運用の目標も見直しましょう。**

大切なのは、最初に決めた目標を守り抜くことではなく、**常に自分にとってベストな目標**であることです。

だから目標を当初のものから変更することに躊躇する必要はありません。常に、自分の目標が現状のままでよいかどうかを自問し、違和感があれば柔軟に修正していく。その方が、最終的にベストの結果を得ることができるのです。

家族が
増えたから
見直そう

14

将来を具体的に
思い描く

STEP 4

老後資金は少なくとも2000万円貯める

▼資産運用の目的に「老後資金」を挙げる人が最も多い
▼高齢夫婦無職世帯は、月平均5万円程度を切り崩している
▼目安は「2000万円プラス自分のライフスタイルに必要な金額」

「老後資金」が資産運用の目的第1位

誰でも経済的に安定した生活をずっと続けたいという人生のミッションを持っていることでしょう。

実際、**「何のために資産運用をするのか？」**——**この質問への答えで一番多いのが、「老後資金のため」**というものです。

しかし老後といっても、何十年も先の話になると、具体的なイメージがしにくいものです。

また、個人差も大きいことから、具体的にいくら必要かを計算するのは難しいのが現実です。

☑おおよその必要な額を割り出してみる

厚生労働省の発表する簡易生命表によれば、**日本人の男性の平均寿命は約81歳、女性は約87歳**です。65歳で仕事をやめて年金生活に入ると仮定すると、65歳時点の平均余命は、男性が約16年、女性は約22年です。

しかし〝人生100年時代〟といわれ、日本人の寿命は伸び続けています。現在60歳の人の約4分の1が95歳まで生きるという試算もあり、平均値の準備では十分とは言えません。ここでは**65歳以降の人生を95歳までの30年と仮定**してみましょう。

一時期、金融庁が「老後資金として年金以外に2000万円以上必要」と発表し〝老後2000万円問題〟として話題になりました。

この2000万円とは、高齢夫婦無職世帯では、平均して毎月5万円程度を保有資産から取り崩していることから試算されています。

毎月5万円×12ヶ月×30年＝1800万円。

ざっくりまとめて2000万円というわけです。

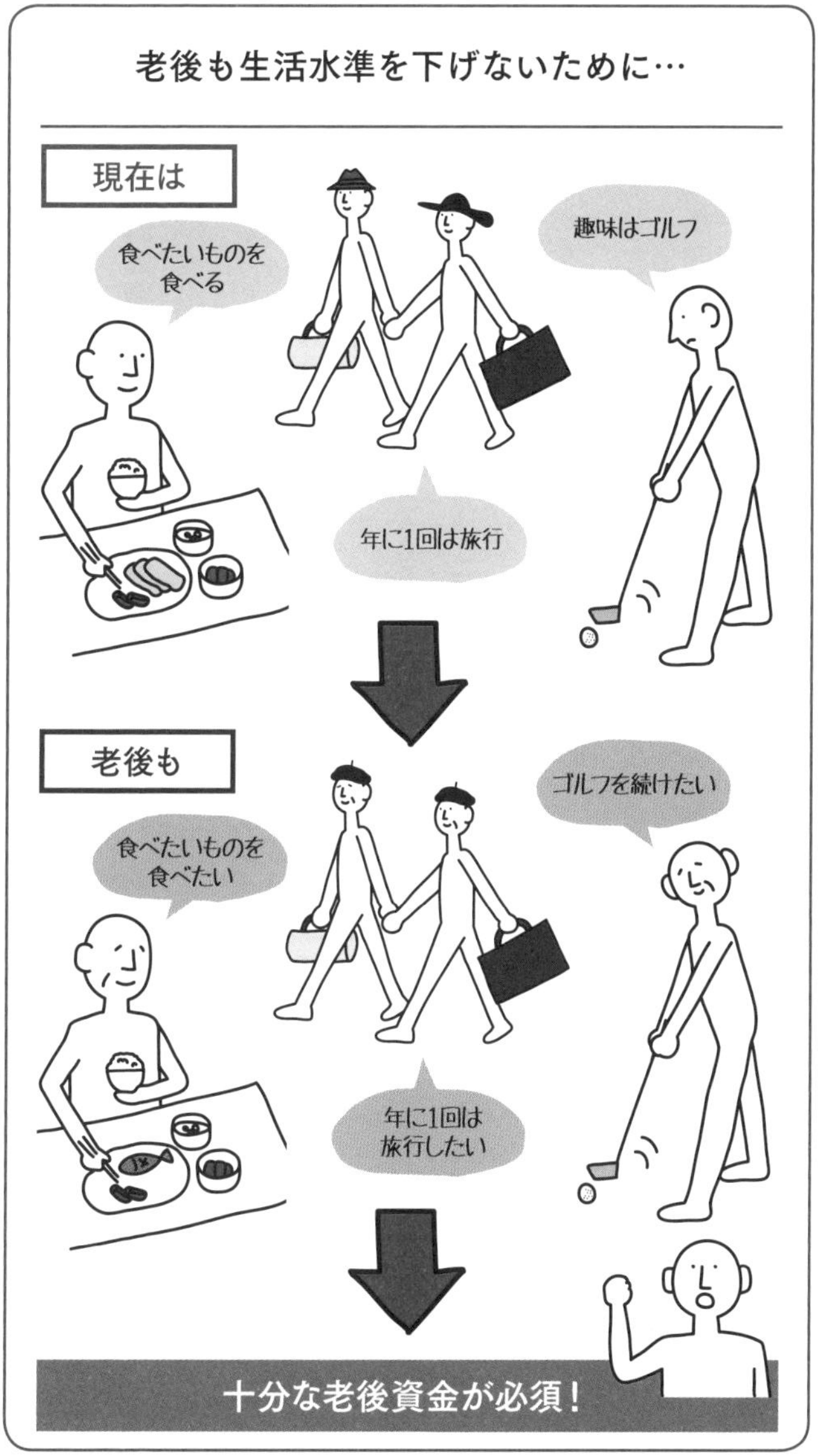
老後も生活水準を下げないために…
現在は
食べたいものを食べる
趣味はゴルフ
年に1回は旅行
老後も
食べたいものを食べたい
ゴルフを続けたい
年に1回は旅行したい
十分な老後資金が必須！

2000万円はひとつの目安

必要なお金には個人差があります。

毎月の支出がもっとたくさんの人も少ない人もいます。年金がもっとたくさんもらえる人もいるでしょうし、少ない人もいます。もちろん寿命も人それぞれです。

老後に必要なお金は生活費だけではありません。けがや病気などでの不慮の支出などもあります。

つまり、2000万円というのは、多くの人にとって、十分な金額とはいえません。**本当に必要な資金は、「2000万円プラス自分のライフスタイルに必要な金額」**と押さえておきましょう。

すでに2000万円の資産を持っている人は、プラスアルファで必要なものは何かを考えてみるとよいでしょう。もっと長生きした場合の生活費や、年1回は海外旅行をしたいといったリタイア後の夢なども考慮して算出します。

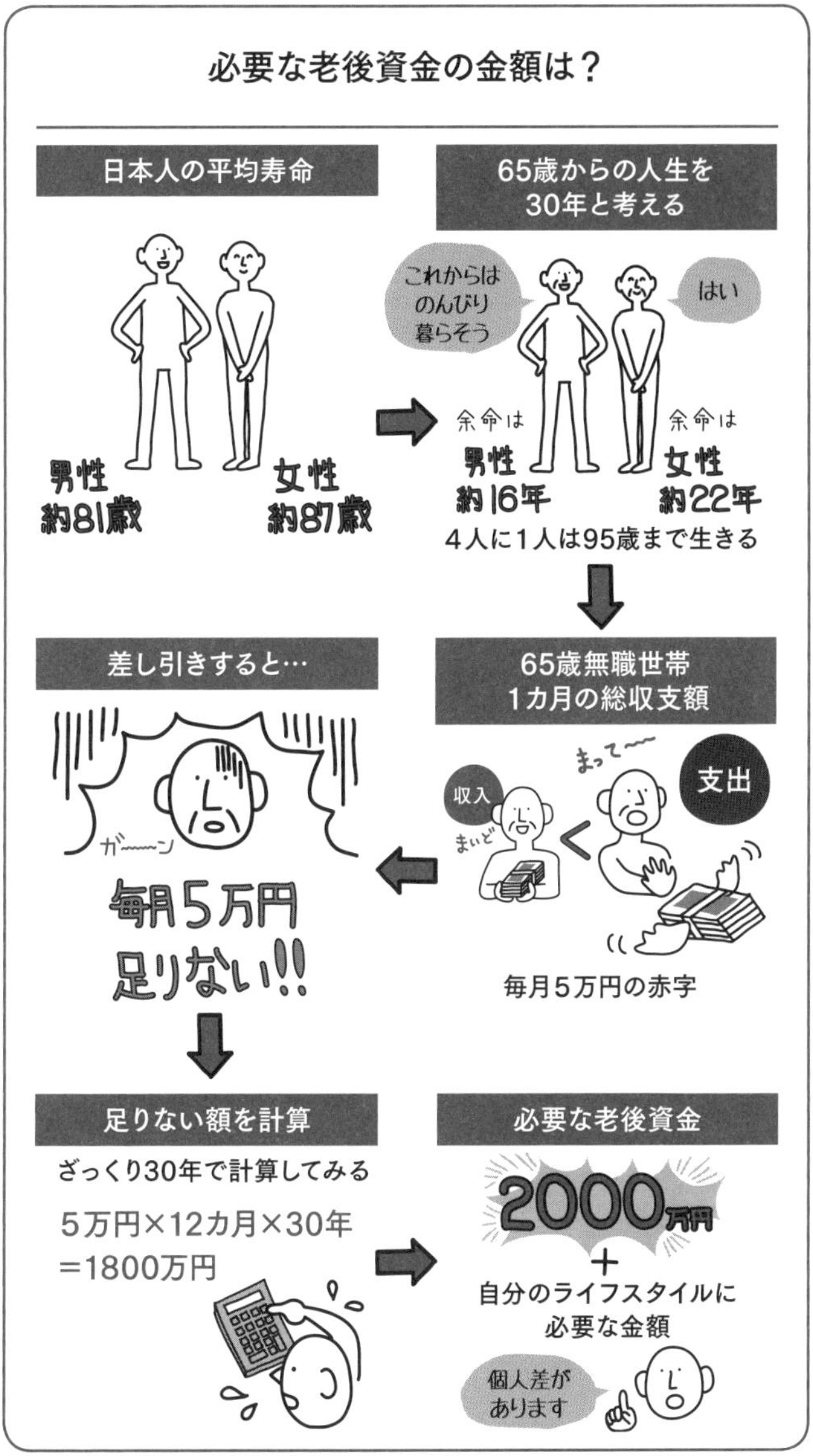
必要な老後資金の金額は？
日本人の平均寿命
男性
約81歳
女性
約87歳
65歳からの人生を
30年と考える
これからは
のんびり
暮らそう
はい
余命は
男性
約16年
余命は
女性
約22年
4人に1人は95歳まで生きる
65歳無職世帯
1カ月の総収支額
まって～～
支出
収入
まいど
毎月5万円の赤字
差し引きすると…
ガ～～ン
毎月5万円
足りない!!
足りない額を計算
ざっくり30年で計算してみる
5万円×12カ月×30年
=1800万円
必要な老後資金
2000万円
＋
自分のライフスタイルに
必要な金額
個人差が
あります

CHECK！

老後に必要な費用には何がある？

老後、生活していく上で、必要と思われるお金には次のようなものがあります。

食費／**住居費**／**水道光熱費**／**通信費**／**衣服代**／**日用品代**／駐車場代／ガソリン代／**保険代**／**交際費**／趣味・娯楽費／残りのローン／おこづかい／**税金**／**医療費**／**介護費**／家のリフォーム代／旅行代金／**予備資金**／子供に残す財産　など

この中には誰にとっても必要なコストもあれば、人によっては必要のないものもあります。また、それぞれにいくらかかるかにも個人差があります。

いずれにしても、老後には意外にお金がかかることを念頭にしっかりと準備をしておくことが大切であることがおわかりいただけると思います。

わあ！
いっぱいありますね

15

将来を具体的に
思い描く

STEP 5

目標金額への到達方法を考える

▼今持っている資産だけでなく、これから積み立てる資産も資金源となる
▼株式や投資信託といったリスク商品の想定利回りは、あくまで目安
▼シミュレーションすると、目標に対して自分がするべきことが見える

☑投資の元となる2つの資金源

STEP1～4で、現状の資産の状況と将来必要な資産が決まったら、次はそれをどのようにして実現していくのかを考えます。

まず投資の元手となるものについてですが、働いていて収入がある人の場合は、次の2つが考えられます。

①今持っている資産
今持っている資産のうち、投資に回すことができるお金
②積立でこれから投資を行うお金
毎月の収入の中から、投資に回していくお金。今持っている資産と合わせて運用していくことになる

この**2つの元本がそれぞれ運用され、その成果を合わせた金額が、将来、手に入れることができると予想されるお金**になります。

☑予想が難しい想定利回り

シミュレーションをする際に重要になるのが、**何%で運用できるかという想定利回り**です。

株式や投資信託などのリスク商品で運用を行う場合、預貯金の金利のような確定利回りで資産を増やせるわけではありません。不確実な利回りでの運用となるので、あくまでも平均値としての目安と考えましょう。

投資の元手となるもの

❶すでに持っている資産

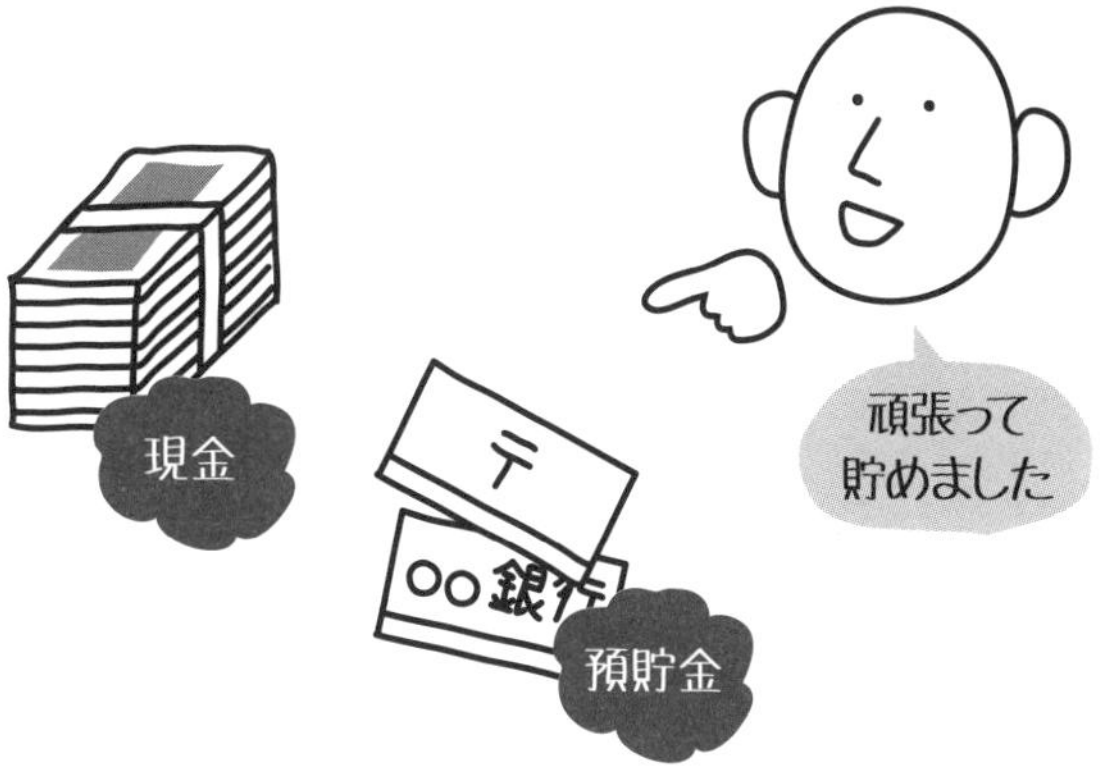
現金
〇〇銀行
預貯金
頑張って
貯めました

❷これから得る資産

土地の一部を
駐車場にして
貸してます
P
その他
収入
働いています
給料

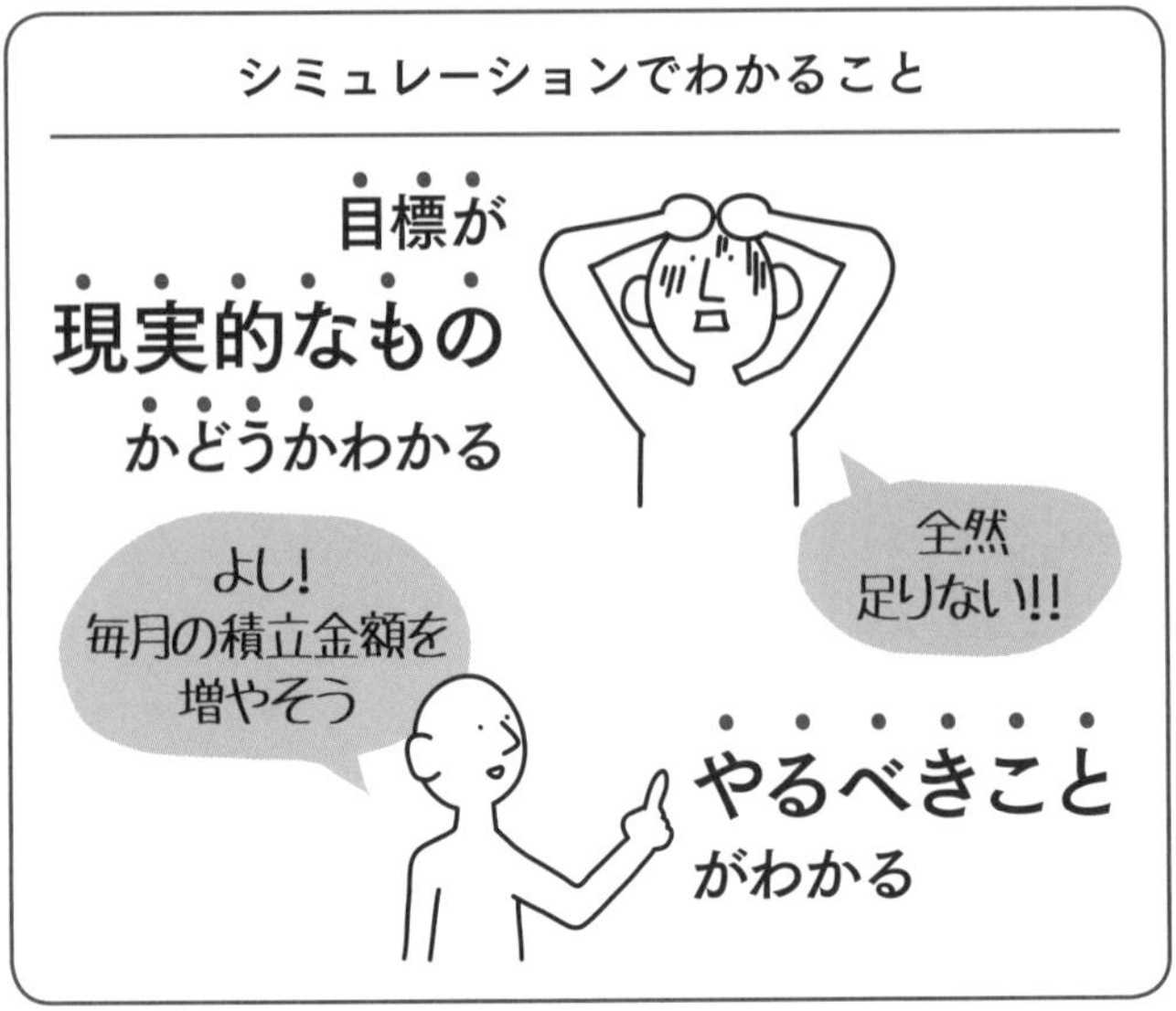
シミュレーションでわかること
目標が
現実的なもの
かどうかわかる
全然
足りない!!
よし!
毎月の積立金額を
増やそう
やるべきこと
がわかる

年平均で７％をはるかに超えるようなリターンを想定するのは、現状の金融市場を鑑みれば現実的とはいえません。

１％、３％、５％、７％というように**いくつかの想定利回りを設定してそれぞれの結果を見比べるのがよいでしょう。**それから、どの程度のリスクを取るのかを決めていきましょう。

☑ シミュレーションでやるべきことがわかる

将来どのくらいの資産が手に入るかを計算することで、**自分の目標が現実的なものかどうかがわかります。**

もちろん、想定利回りやこれから投入して

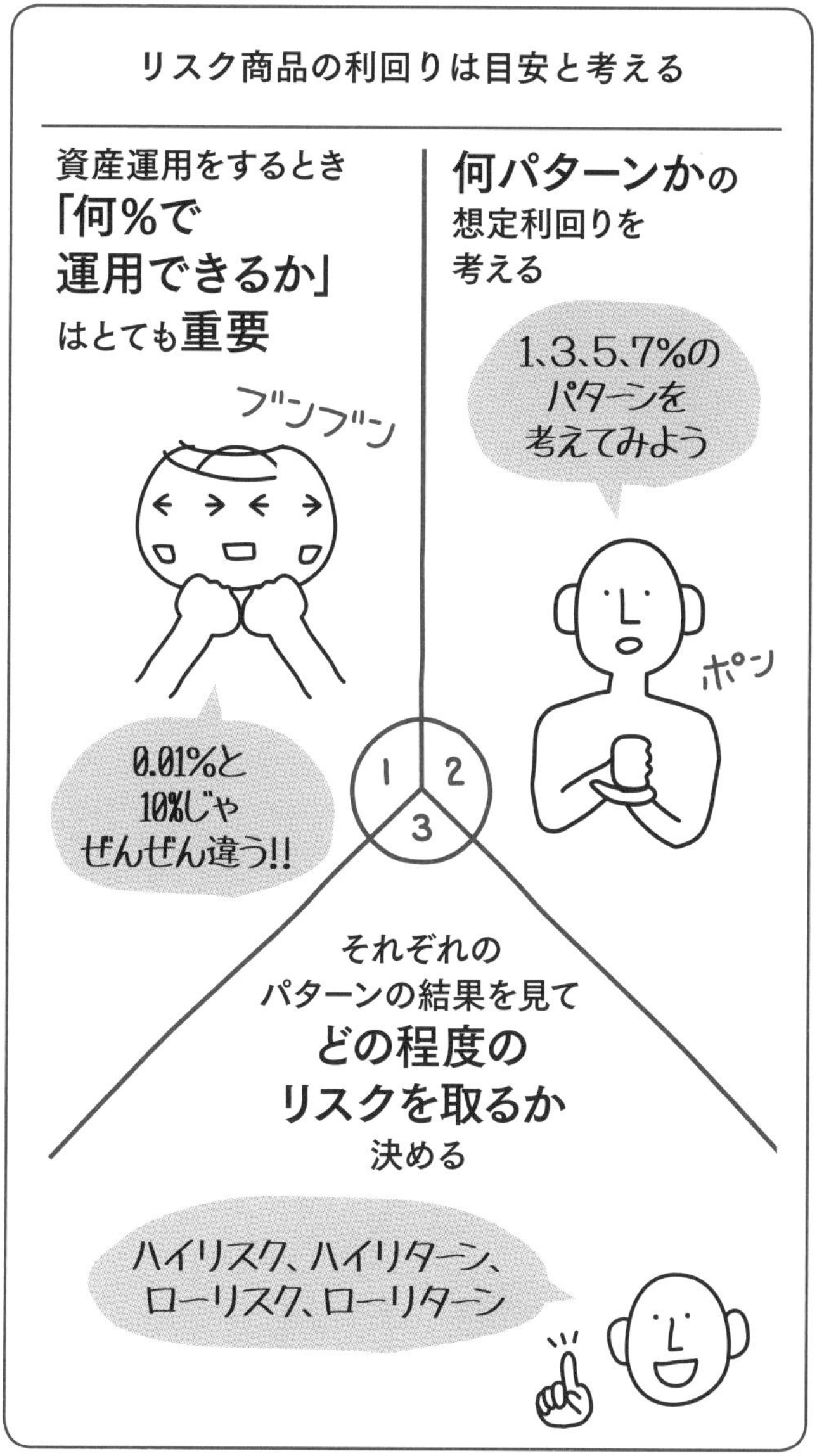
リスク商品の利回りは目安と考える
資産運用をするとき「何%で運用できるか」はとても重要
ブンブン
0.01%と10%じゃぜんぜん違う!!
何パターンかの想定利回りを考える
1、3、5、7%のパターンを考えてみよう
ポン
1
2
3
それぞれのパターンの結果を見てどの程度のリスクを取るか決める
ハイリスク、ハイリターン、ローリスク、ローリターン

いく資産などは不確実な要素ですので、資産がいくらになるかを正確に知ることはできません。しかし、具体的にシミュレーションすることで、これからやるべきことが見えてくるのです。

CHECK!

お金に働くよう指示を出す

資産運用するにあたって、**資産をすべて預貯金する人というのは、社員を有効活用できない会社と同じ**ようなものです。

現状を把握し運用の目標が決まったら、すぐさま戦略を練り、実行に移しましょう。

資産は、**経営者視点で運用する**ことが大事です。

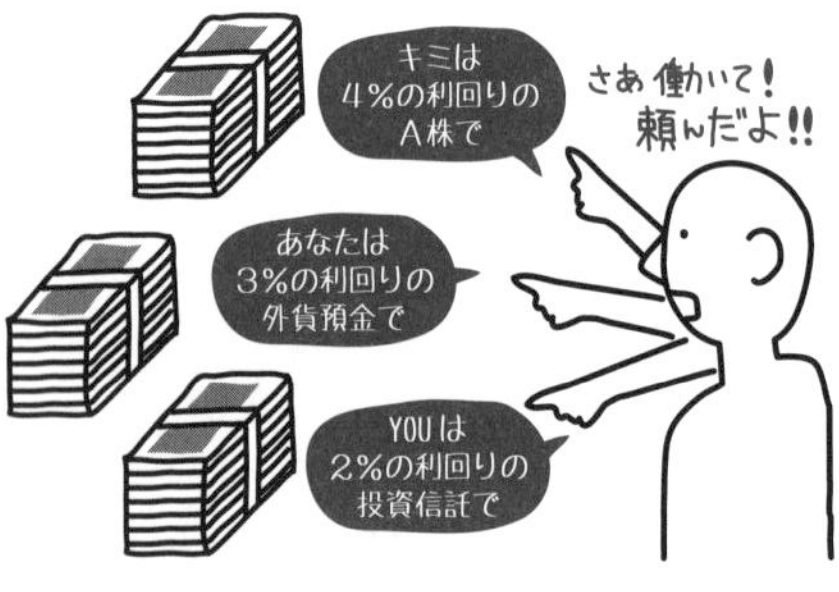

さあ 働いて!
頼んだよ!!
キミは
4%の利回りの
A株で
あなたは
3%の利回りの
外貨預金で
YOUは
2%の利回りの
投資信託で

16

将来を具体的に
思い描く

STEP 6

将来の資産金額をシミュレーションする

▼将来の資産は4つの要素で決まってくる
▼実際の数値を当てはめて、シミュレーションする
▼シミュレーションの結果と目標のギャップを埋める方法を考える

資産を作りあげる要素

将来の資産金額は①今持っている資産 ②これから投入していく資産③運用期間 ④運用利回りの4つによって決まります。

なるべく多くの元本に、なるべく大きな金額を積み立て、なるべく長い期間、なるべく高い利回りで運用できれば、資産は最も大きく増えるということです。

ただしこの中で、**運用利回りだけは勝手に高くしてはいけません。**高いリターンを目指すほどリスクも高くなり、リスクの取りすぎで失敗してしまう可能性が高まるからです。

☑資産がどう増えるかシミュレーションしてみよう

今持っている資産がどのように増えていくのかは、左の上の表を見てください。**現在の1万円が運用利回りと運用期間によってどのくらい増えるのか**を示しています。

もし現在の資産が100万円であれば、表の金額を100倍してください。

次に、これから投入していく資産がどのように増えるかは、左の下の表を見てください。**毎月1万円ずつ積み立てた場合の運用利回りと運用期間に応じた将来の資産額**が表示されています。

毎月2万円ずつ積み立てる場合はこの表の金額を2倍、毎月10万円ずつの場合はこの表の金額を10倍してください。

☑シミュレーションが導く3つの結果

シミュレーションを終えたら、目標金額と比べてみましょう。次の3つのパターンのうち、どの結果になりましたか？

シミュレーションして目標金額と比べよう

1万円の元本を複利運用したときの資産金額

今持っている資産がどう増えるか						
	5年後	10年後	15年後	20年後	25年後	30年後
1％	10,510	11,046	11,610	12,202	12,824	13,478
3％	11,593	13,439	15,580	18,061	20,938	24,273
5％	12,763	16,289	20,789	26,533	33,864	43,219
7％	14,026	19,672	27,590	38,697	54,274	76,123

（単位：円）

現在持っている資産のうち
投資に回せる額が
15万円なら 15倍
50万円なら 50倍
100万円なら100倍
しましょう

自分の資産に
合わせて計算

積立で資産がどう増えるか

毎月1万円を積立しながら複利運用したときの資産金額						
	5年後	10年後	15年後	20年後	25年後	30年後
1％	615,503	1,262,550	1,942,758	2,657,825	3,409,540	4,199,779
3％	648,083	1,400,908	2,275,401	3,291,228	4,471,228	5,841,937
5％	682,894	1,559,293	2,684,026	4,127,463	5,979,910	8,357,264
7％	720,105	1,740,945	3,188,112	5,239,654	8,147,971	12,270,875

（単位：円）

毎月積立する額が
5000円なら0.5倍
2万円なら 2倍
5万円なら 5倍
しましょう

少し
節約するだけで
かなり違う

資産を最大限に増やすには

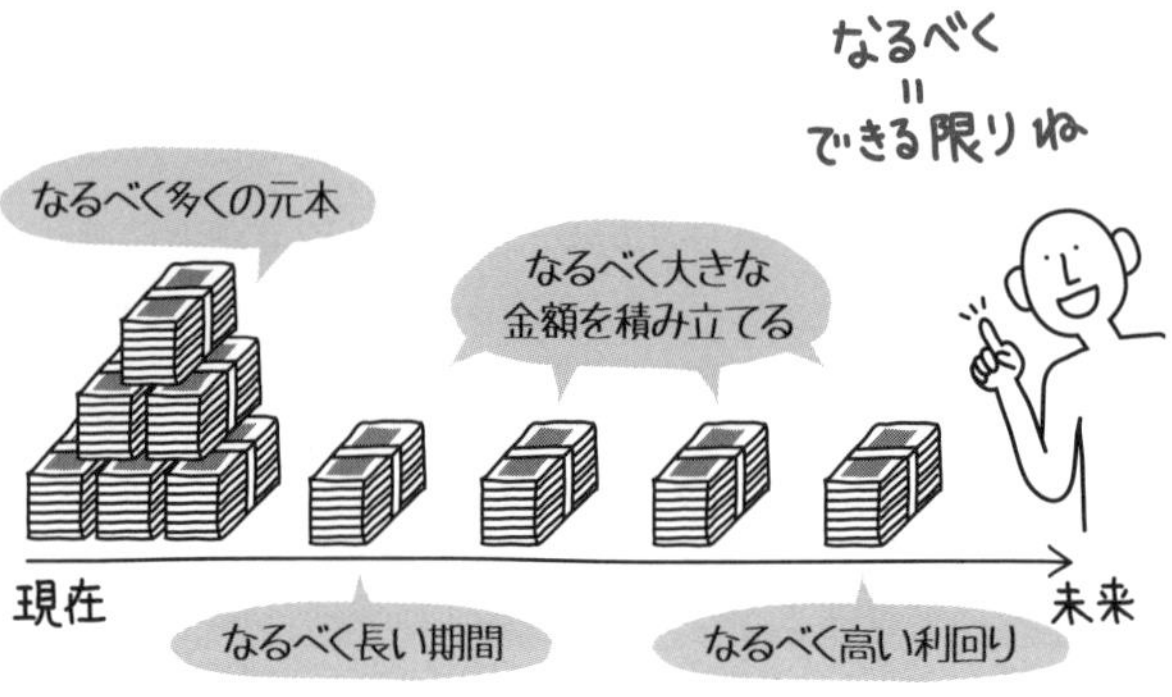

①「シミュレーション金額＝目標金額」

このように、一致する場合は、理想的な状態といえます。

②「シミュレーション金額＞目標金額」

この場合、資産運用の運用レートを下げて、リスクの低い運用方法に変えたり、目標達成の時期を前倒しすることを検討します。

より余裕を持った資産運用を行うことができるということです。

③「シミュレーション金額＜目標金額」

現状の運用方法では、目標の金額を手に入れることができない状態です。

解決方法としては、積立金額をもう少し増やしたり、目標の達成時期を先に延ばすことを考えます。一番現実的なのは、目標金額を見直す方法でしょう。

目標金額はあくまで将来の推定金額であり、今後も変化していく可能性がある数字です。

無理のあるスケジュールを作って達成できずにイライラするよりも、**現実性のあるプランで着実に達成する**ことができる金額にしましょう。

CHECK！

運用は堅実に着実に淡々と

株の個別銘柄を使って運用していると、株主優待を目当てにするなど、いつの間にか、本来の目標を忘れてしまう人がいます。銘柄選びが楽しくなって、運用の成果が二の次となっているのです。

人生の目標を達成するには、**堅実に最も効果があると思われる方法で長く時間をかけなければなりません。**

そうすることで着実に目標達成に淡々と近づくことができるのです。

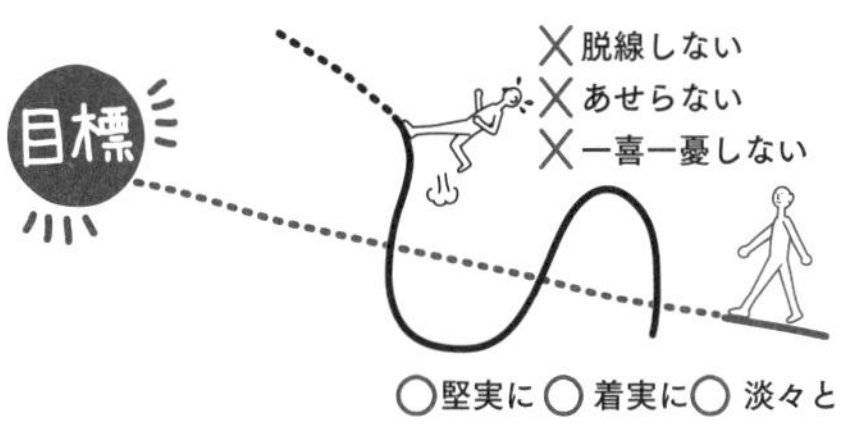
目標
✕脱線しない
✕あせらない
✕一喜一憂しない
◯堅実に ◯着実に ◯淡々と

資産運用を始める前のチェック❸

✓CHECK 1　資産を分類するとき、何で分けるとよい？

A　銀行や証券会社など会社名

B　リスクの大きさ

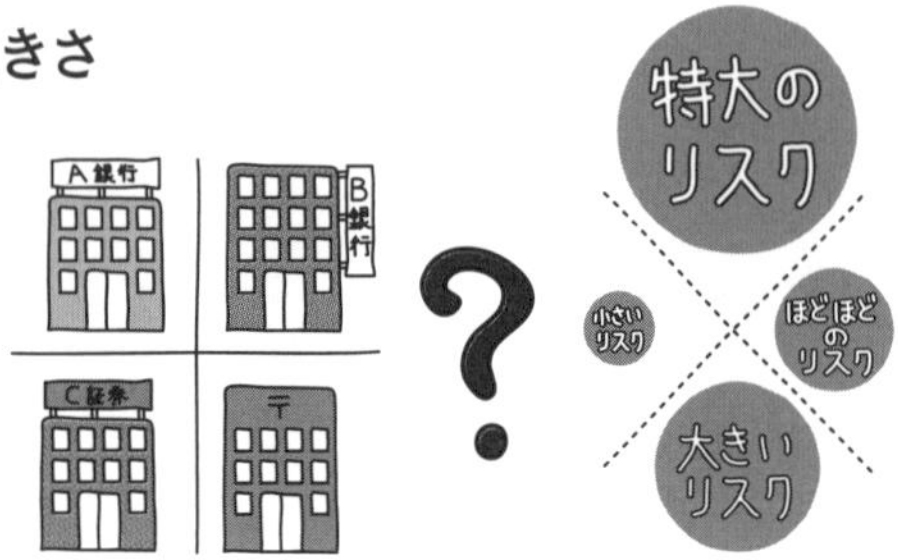
A銀行
B銀行
C証券
〒
特大のリスク
小さいリスク
ほどほどのリスク
大きいリスク

✓CHECK 2　投資に回してはいけないお金とは？

A　3カ月分の生活費と
10年以内に使う資金

B　6カ月分の食費と家賃（住宅ローン）

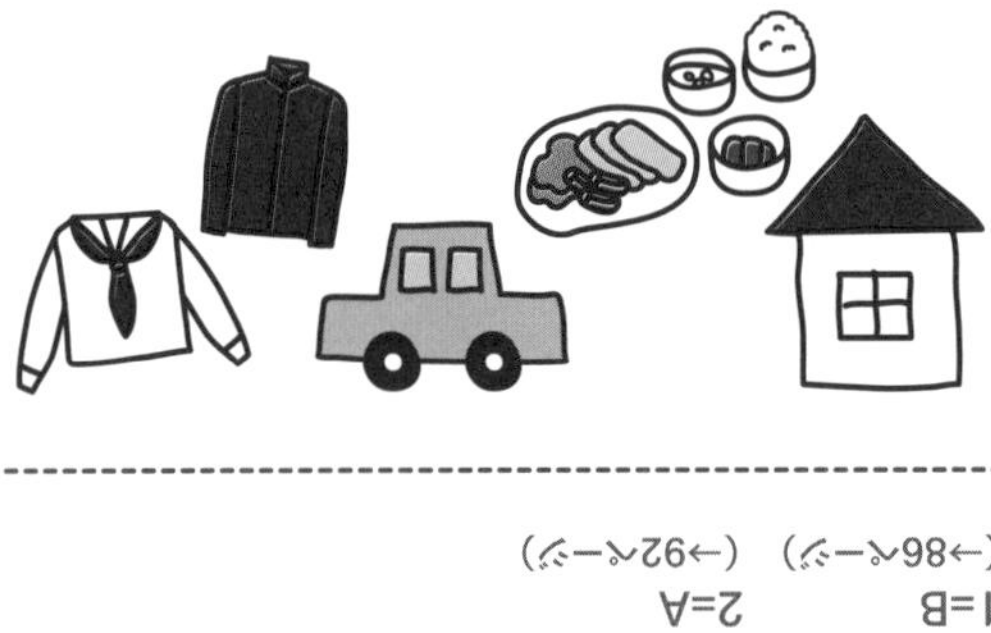

答え　1=B（→86ページ）　2=A（→92ページ）

✓CHECK 3 資産の現状把握をした後にすることは？

A 運用の目標設定

B 戦略を立てる

A株に20万円、
外貨預金に10万円、
投資する戦略で
いこう
達成するぞ"！
目標
10年後までに
1000万円

✓CHECK 4 資産運用の目的で一番多いのは何？

A 教育資金

B 老後資金

答え
3=A（→98ページ）
4=B（→105ページ）

✓CHECK 5 シミュレーションするとコレがわかる！

A これからやるべきこと

B 資産運用のおもしろさ

✓CHECK 6 理想的なシミュレーションの結果はどちら？

A シミュレーション金額>目標金額

B シミュレーション金額＝目標金額

シミュレーション金額		目標金額
1200万円	>	1000万円
1000万円	＝	1000万円

答え 5=A（→111ページ） 6=B（→117ページ）

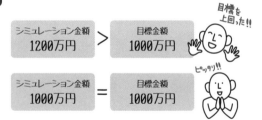

PART 4

100円から資産運用を始めよう

17

はじめの一歩を踏み出す

100円から始められる、投資信託を活用する

▼投資信託なら100円からでも投資が始められる
▼投資信託は少額で分散投資ができる。初心者は投資信託から始めるとよい
▼手数料を甘く見ない。販売手数料がかからないノーロードファンドがオススメ

☑投資信託から始めよう

PART4ではまとまった資産を作るためのシンプルで着実な運用方法で資産運用を始めましょう。まずは商品についてです。

証券会社で資産運用商品として提供されているものは、129ページの表のようにたくさんあります。その中で、まずは投資信託を選ぶとよいでしょう。**投資信託は、これから資産を形成していく人にとって、とても使いやすい商品**だからです。

投資信託の4つの特徴

初めて資産運用する人の多くは、まずは少額から投資を試したいと思うでしょう。株式の場合だと、通常は100株とか1000株といった単位の株数で注文することになります。こちら側で金額を指定して購入することはできません。

しかし、**投資信託なら、100円から始められる証券会社もあります。**また自動積立サービスを利用すれば、100円、500円、1000円といった少額から毎月自分で手続きをしなくても継続的に投資をしていくことができます。

投資対象も広く、小さな金額でもその中で投資先が分散されているので、**分散投資が可能**です。

換金も原則いつでもできますので、まずは投資信託を使って運用し、よりよい金融商品が見つかったら、その商品に移行していけばよいのです。

投資信託の仕組み

「投資信託」とは、**投資家の資金をまとめて、ファンドマネージャーが運用する商品**です。

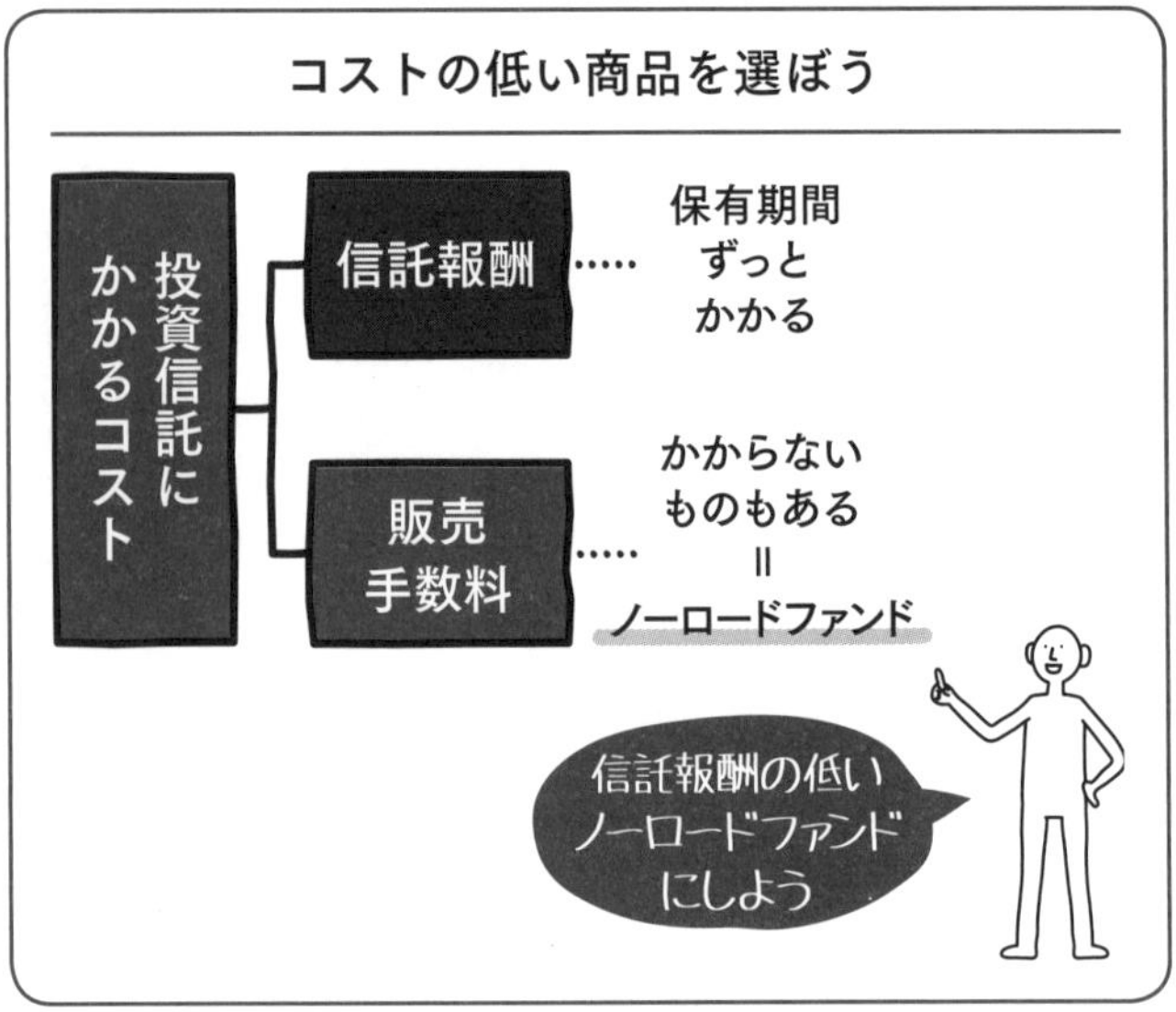
コストの低い商品を選ぼう
投資信託にかかるコスト
信託報酬
保有期間ずっとかかる
販売手数料
かからないものもある
=
ノーロードファンド
信託報酬の低いノーロードファンドにしよう

全体のリスクをファンドマネージャーが管理しています。

投資対象は、株式だけでなく、債券、不動産、コモディティ（商品）など多様で、組み入れる商品によってリスクが変わってきます。元本保証はなく、分配金を受け取ったり、値上がりによる利益を得ていきます。

かかるコストには大きく分けて「販売手数料」と「信託報酬」の2つがあります。「販売手数料」は購入時にかかるコストで、高いものは約3％。**販売手数料がかからないものもあり、「ノーロードファンド」と呼ばれています。**

「信託報酬」は、保有期間と残高に応じて、日割り計算した額が毎日差し引かれます。信

金融機関で提供されている主な金融商品とその特徴

投資信託	投資家の資金をまとめて株式、債券、不動産などに投資する器。投資対象が幅広く、少額で分散投資ができ、積立も可能な投資の入門商品。
日本国債	日本国が発行する債券。元本は国が保証。今後の金利上昇を予想するのであれば、10年の変動金利型を選ぶべき。
ETF	日本の証券取引所に上場している投資信託。日本株のインデックス運用に活用できる。
REIT	不動産に分散投資ができる投資信託。少額で不動産に分散投資ができ、株式のように売買することが可能。
外国債券	為替リスクのある債券。発行体の信用度の高いものを選ぶようにしよう。
FX（外国為替証拠金取引）	証拠金を使って、元本の最大25倍まで取引ができる為替の商品。売りからも買いからも取引でき、為替手数料が低い。
コモディティ・ファンド	金、原油、穀物、家畜といったコモディティ（商品）に投資をする投資信託などの商品。
海外ETF	海外の証券取引所に上場しているETF。コストを確認した上で、外国株式のインデックス運用に活用できる。

託報酬は運用成績にかかわらず、必ずかかるコストです。

投資信託は銀行や対面型の証券会社でも購入することができますが、販売手数料を取られる場合が多く、また信託報酬の高いアクティブ型の投資信託が品ぞろえの中心になっています。

これに対してネット証券は、信託報酬の低いインデックスファンドの品ぞろえが豊富で、そのほとんどは販売手数料のかからないノーロードファンドになっています。

インデックスファンドで投資するのであれば、店頭で運用方法に関する説明を聞いたりする必要はありません。むしろ、説明を受ける時間を取られた挙句に手数料の高い投資信託を買わされる危険もあります。画面上で取引が完結できるネット証券を活用するのが賢明です。

投資信託の特長

❶少額から投資できる

投資する
資産なんてないよ…

という人も 100 から
購入できる商品がある

❷自動積立が使える

毎月決まった日に
決まった金額（100円から）を
自動引落（口座振替）で
手間をかけずに
投資できる

毎月
100
自動で
投資信託

❸投資対象が広い

国内外の
株式、債券、不動産など
外国債券
株券

❹いつでも換金できる

原則
いつでも換金解約
できる！

入り用なので
売ります！

CHECK！

ＮＩＳＡ（↓１９３ページ）を上手に活用しよう

ＮＩＳＡは、投資未経験者がこれから始める口座としては魅力的です。**年間１２０万円までの投資に対しては課税されません。**

しかし、ＮＩＳＡ口座内で生じた譲渡損失額をＮＩＳＡ以外の口座で生じた利益と損益通算することや繰越控除することはできないというデメリットもあります。

仕組みをよく理解して上手に活用しましょう。

複数の金融機関で口座開設することはできません
NISA口座の開設は、1人1口座のみ

18

はじめの一歩を踏み出す

初心者にはインデックスファンドがおすすめ

▼資産運用の方法には、アクティブ運用とインデックス運用がある
▼アクティブ運用でインデックスを上回る成果を継続してあげるのは難しい
▼同じインデックスに連動するファンドであれば商品として大差ない

資産運用には2つの運用方法がある

具体的な投資信託の商品選択の前に、資産運用の2つの運用方法について確認しておきましょう。

資産運用の方法には、大きく分けて、インデックス運用とアクティブ運用があります。

①インデックス運用

インデックスと呼ばれる市場の平均値に連動した運用成果を目標にする方法です。

たとえば、日本株であれば、日経平均やTOPIXと呼ばれる市場全体の平均を示す代表的なインデックスがあります。インデックス運用は、これらのインデックスと同じような成果を目指す運用です。

②アクティブ運用

銘柄を選んで、インデックスよりも高い運用成果を得ようとする方法です。

投資信託にもインデックスファンドとアクティブファンドがあり、運用の目的が異なります。

☑初心者にはインデックスファンドがおすすめ

初心者であれば、少なくとも最初はインデックスファンドを組み合わせて資産運用を始めるとよいでしょう。アクティブファンドは、経験を積んで自信が持てるようになってから活用しても遅くはありません。

インデックスファンドをおすすめする理由は2つあります。

①運用成果

過去の例で見ると、アクティブ運用を行っている投資信託で、**インデックスを上回る運**

インデックス運用とアクティブ運用の比較

	インデックス運用	アクティブ運用
投資判断者	なし （指数に連動させる）	あり
投資できる商品	インデックス ファンド、 ETFなど	アクティブ ファンド、 株式投資など
リスク	比較的小さい	比較的大きい
運用コスト	比較的小さい	比較的大きい
評価基準	トラッキングエラー （注1）	ベンチマーク比 （注2）

注1　トラッキングエラー：インデックスと実績値のズレ。
トラッキングエラーが小さいほうがよいインデックス運用である
注2　ベンチマーク比：比較の対象となるインデックス。
たとえば日本株ファンドであればTOPIX（東証株価指数）が
ベンチマークになることが多い

同じインデックスに連動する
ファンドの成績はほぼ同じ

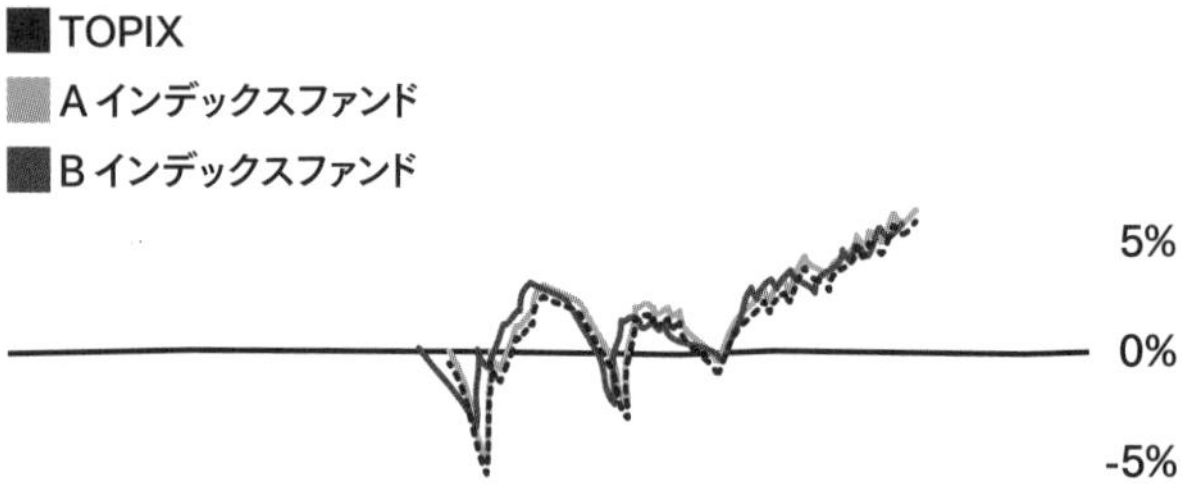

TOPIXに連動するファンドは、
TOPIXが10%上がれば、
どのファンドでもほぼ10%上昇する

用ができたのは半数程度しかないことです。

それに、そのような運用成果のよい商品を選び出すことも簡単ではありません。たとえ幸運にも今年はよかったとしても、2年、3年と続けて好成績を続けるものとなると非常に少ないのが実状です。**インデックスを上回る成果を継続的に実現するのは大変難しいこと**なのです。

②コスト

インデックスファンドはアクティブファンドに比べ、低コストです。インデックスファンドの場合、ネット証券で販売されている商品はそのほとんどが販売手数料のかからないノーロードファンドです。また、信託報酬が低いファンドが多いのも特徴です。

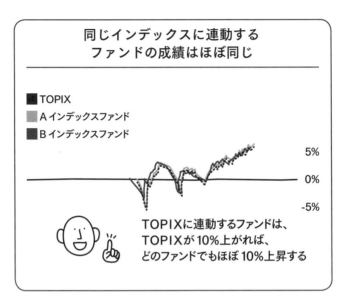

インデックスファンドシリーズ例

三菱UFJ国際投信が運用する、
eMAXISシリーズは、株式、債券、
不動産（REIT）について
国内外の投資対象別にファンドを
設定しています

	国内	国内	海外 先進国	海外 新興国
株式	eMAXIS Slim 国内株式（日経平均）	eMAXIS Slim 国内株式（TOPIX）	eMAXIS Slim 先進国株式インデックス	eMAXIS Slim 新興国株式インデックス
債券	eMAXIS Slim 国内債券インデックス		eMAXIS Slim 先進国債券インデックス	eMAXIS 新興国債券インデックス
REIT	eMAXIS 国内リートインデックス		eMAXIS 先進国リートインデックス	eMAXIS 新興国リートインデックス

出所：三菱UFJ国際投信資料より著者作成

これらを自由に
組み合わせることで、
世界中に資産の
分散投資を低コストで
実現することが
できます

すべてノーロード商品で、
信託報酬も0.1〜0.2％程度と
通常のアクティブファンドの
半分以下に抑えられています

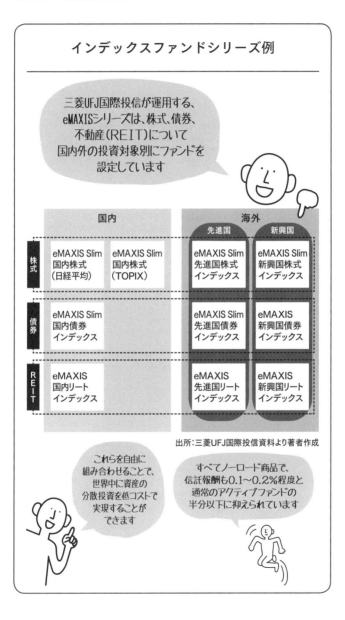

☑インデックスファンドのメリット

アクティブファンドに比べ低コストということ以外に、インデックスファンドにはいくつかのメリットがあります。

まず、投資対象が分散されていて、**市場平均のリターンを着実に得られる**点がメリットと言えます。資産運用のプロであるファンドマネージャーが銘柄を選んで運用するアクティブファンドは、インデックスを上回るリターンを出すことは簡単ではなく、どのファンドを選べばよいかを事前に知ることは困難です。

インデックスファンドはインデックスに連動した運用成果を目指すので、同じインデックスに連動するファンドなら運用成績はほぼ変わりません。だから**ファンド選択に関してはあまり神経質になる必要はない**のです。

ネット証券で取り扱っているノーロードのインデックスファンドの中から信託報酬を比較したり、純資産残高（ファンドの規模）を比較して選べば、初心者でも大きな失敗をすることはありません。

CHECK！

信託財産留保額とは

投資信託には信託財産留保額がかかるものがあります。

これは、**投資信託を解約する際に、徴収される費用**です。

金融機関の手数料になるわけではなく、ファンドの信託財産に組み入れられます。つまり**他の投資家の資産になる**わけです。したがって、正確にはコストではなく、投資家間の資金のやり取りということになります。

長期で運用する投資家の
不公平感を是正する
良心的な仕組みです

19

はじめの一歩を踏み出す

アセットアロケーションを考える

▼個人投資家は、銘柄選択や投資タイミングにこだわりがち
▼資産運用で最も重視するべきは、資産の配分比率（＝アセットアロケーション）
▼分散投資することで、最大損失を2割程度に抑えることができる

☑間違っている個人投資家の思考

金融資産の運用成果を決める要因には、主に次の3つがあります。

1　銘柄選択（どの銘柄を買うのか）
2　投資タイミング（いつ買うのか）
3　アセットアロケーション（資産をどのように配分するのか）

資産運用の成果につながる3つの要因
❶銘柄選択
どのインデックスファンドにしようかな
❷投資するタイミング
もうそろそろ上がりそうだから買おう
どのように配分しようか
株式型
債券型
円貨
①日本株式
②日本債券
外貨
③外国株式
先進国
新興国
④外国債券
先進国
新興国
⑤流動性資産
⑥その他の資産
❸アセットアロケーション

ほとんどの個人投資家は「どの銘柄を買うか」や「安く買えるタイミングはいつか」に時間を費やします。そして、多くの人が思った通りの投資の成果を実現できていません。

確かに、どの銘柄を買うかあれこれ考えたり、一番安く買える時期を予想したりするのは楽しい作業です。

しかし、それでは投資の成果は得られません。**「楽しい投資」ではなく「結果の出る投資」**に発想を転換しましょう。

☑ プロにとっては当たり前でも個人投資家は知らない

96ページのCHECK！でもお話ししましたが、資産運用で最も重視しなければいけないのは、**アセットアロケーションと呼ばれる資産の配分比率**です。

機関投資家（＝プロの投資家）にとっては当たり前のことなのですが、個人投資家にはあまり知られていません。

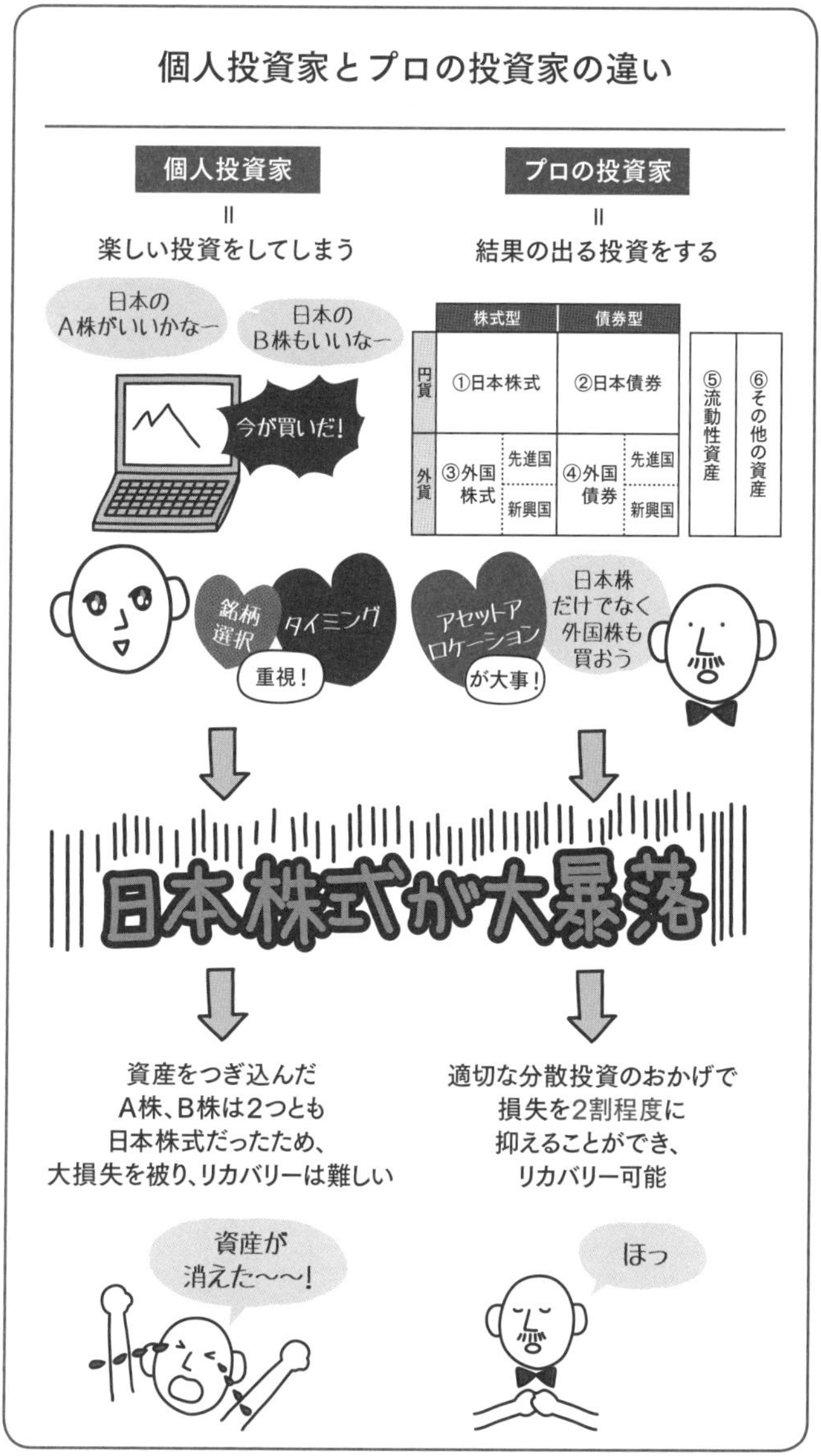
個人投資家とプロの投資家の違い
個人投資家
＝
楽しい投資をしてしまう
日本の
A株がいいかなー
日本の
B株もいいなー
今が買いだ！
銘柄
選択
タイミング
重視！
プロの投資家
＝
結果の出る投資をする
株式型
債券型
円貨
①日本株式
②日本債券
外貨
③外国株式
先進国
新興国
④外国債券
先進国
新興国
⑤流動性資産
⑥その他の資産
アセットアロケーション
が大事！
日本株
だけでなく
外国株も
買おう
日本株式が大暴落
資産をつぎ込んだ
A株、B株は2つとも
日本株式だったため、
大損失を被り、リカバリーは難しい
資産が
消えた〜〜！
適切な分散投資のおかげで
損失を2割程度に
抑えることができ、
リカバリー可能
ほっ

☑アセットアロケーションの重要性

たとえば、自分の好みで選んだ有名企業の日本株式だけに資産が集中してしまった場合を考えてみましょう。

日本株式は、全体の平均で1年間に過去最大で40%以上のマイナスになったことがあります。100万円投資したら、40万円以上損をする計算です。とても高いリスクといえます。

しかし、**外国株式や外国債券などにも資産を分散させることで「1年間の最大損失を20%程度に抑える投資」を実現できます。** 20%も大きなダメージには変わりありませんが、最大損失を2割程度に抑えられれば、リカバリーは十分可能です。

商品を選択した後、次に考えるべきことは、そのインデックスファンドをどのように組み合わせていくか——つまり、自分のアセットアロケーションを作り、決定することです。

CHECK！

アセットアロケーションで約8割が決まる

米国の大手運用会社バンガード社が約40年間のデータを使って調査した研究によると、**「アセットアロケーションの違いが月次リターンの差異の77％を決める」**という結果が出ています。

銘柄選択やタイミングよりアセットアロケーションが重要――つまり「投資で成功するためには、アセットアロケーションをまず考えるべきだ」と研究によっても証明されているのです。

これは米国以外の国の実証研究でも同様の結果となっており、日本も例外ではありません。**日本の個人投資家が未だに銘柄選択やタイミングばかり考えて投資しているのは残念なこと**です。

投資の結果に
アセットアロケーションが
77%も影響する?!

20

はじめの一歩を踏み出す

適切なリスクを取った分散投資をする

▼資産配分の最大のポイントは、株価と為替のリスクをそれぞれどの程度にするか
▼株式の比率と外貨の比率でリスクの大きさを調整する
▼個人差を無視するバランス型ファンドは無理がある商品

資産配分のカギはリスクの取り方

86ページで、現状の金融資産をリスクの大きさで6つのアセットクラスに分類しました。それぞれにバランスよく投資することによって、リスクを抑えながら資産を増やしていくことができます。

ここではいよいよ具体的な資産配分の比率についてお話ししていきましょう。まずは、リスクをどこまで取るか、です。

たとえば、運用する資産全体における株式型の比率が大きくなると、資産は株価によって左右されるようになります。また、外貨資産の比率が高くなると、為替の変動の影響を受けるようになります。

つまり、**株価のリスクと為替のリスクをどの程度にするかが、資産配分を決めるときの最大のポイント**になります。

私が、標準的な資産配分の比率と考えているのは、次の通りです。

まず、**株式、債券型の資産を資産全体の80%、その他の資産を20%**に配分します。そしてさらに、**株式型資産の比率を資産全体の40%、外貨資産の比率を40%**にします（151ページ図）。この比率であれば、**リーマンショックのような大きな市場の変動でも、損失は20%程度**に抑えることができます。

株式と外貨の比率でリスクを調整

もし、それでもまだリスクが高いと考える場合は、**株式の比率と外貨の比率をそれぞれ低くしていくことで調整**できます。

ただし、リスクを低くすれば、期待できるリターンも当然低くなります。リスクを下げるけれどリターンはそのまま、というのは虫のよい話なのです。

☑バランス型ファンドは必要ない？

バランス型ファンドとは、1つの投資信託に株式、債券、不動産、外貨資産といった複数のアセットクラスが入っている商品です。いわばレストランの「おまかせコース料理」のような商品といえるでしょう。1つのファンドで分散投資ができる点では便利ですが、配分比率はファンドによって決まっているので、自分の理想通りにオーダーメイドすることはできません。

確かに、すべておまかせでまったく手間がかからないというメリットはありますが、個人差のある資産の配分方法を1つのパターンにしようとするのは無理があります。

体型が違うのに、洋服をワンサイズですべての人にフィットさせようとするのと同じです。いくら便利でも、**資産運用において、個人差を無視するのはよい結果につながりません。**

6つに分けたそれぞれのアセットクラスに対応するインデックスファンドがありますから、それらを組み合わせれば、オーダーメイドの分散投資ができるのです。

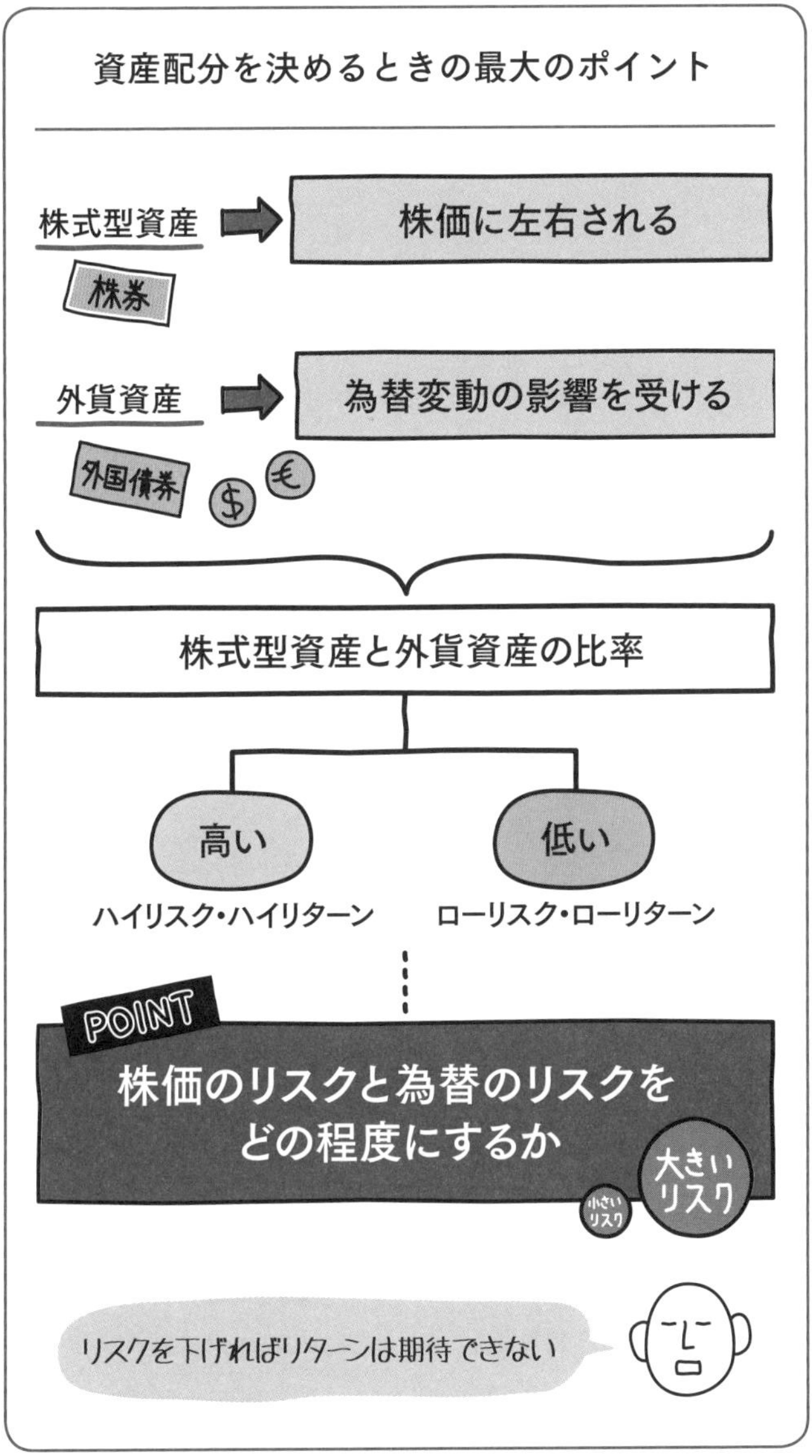
資産配分を決めるときの最大のポイント
株式型資産
株価に左右される
株券
外貨資産
為替変動の影響を受ける
外国債券
株式型資産と外貨資産の比率
高い
ハイリスク・ハイリターン
低い
ローリスク・ローリターン
POINT
株価のリスクと為替のリスクを
どの程度にするか
大きいリスク
小さいリスク
リスクを下げればリターンは期待できない

CHECK！

先進国と新興国はどちらに投資すべきか

海外に投資をする場合、大きく先進国と新興国の2つに投資対象は分かれます。先進国の方が政治的に安定し、法整備なども整っていて投資のリスクは小さいと言えます。

新興国は政治的に不安定だったり、経済規模が小さく脆弱な場合も多く、先進国よりリスクが高いと言えますが、その分成長性が高く、ハイリスク・ハイリターンな投資対象と言えます。

どちらに投資すべきかはリスクに対する考え方次第ですが、例えば**投資信託を活用するなら先進国と新興国を1対1の比率で保有することを基本**にするのがよいでしょう。

先進国か新興国かを悩むより、外貨資産を資産全体のどの程度の比率にするかのほうがずっと重要です
うんうん

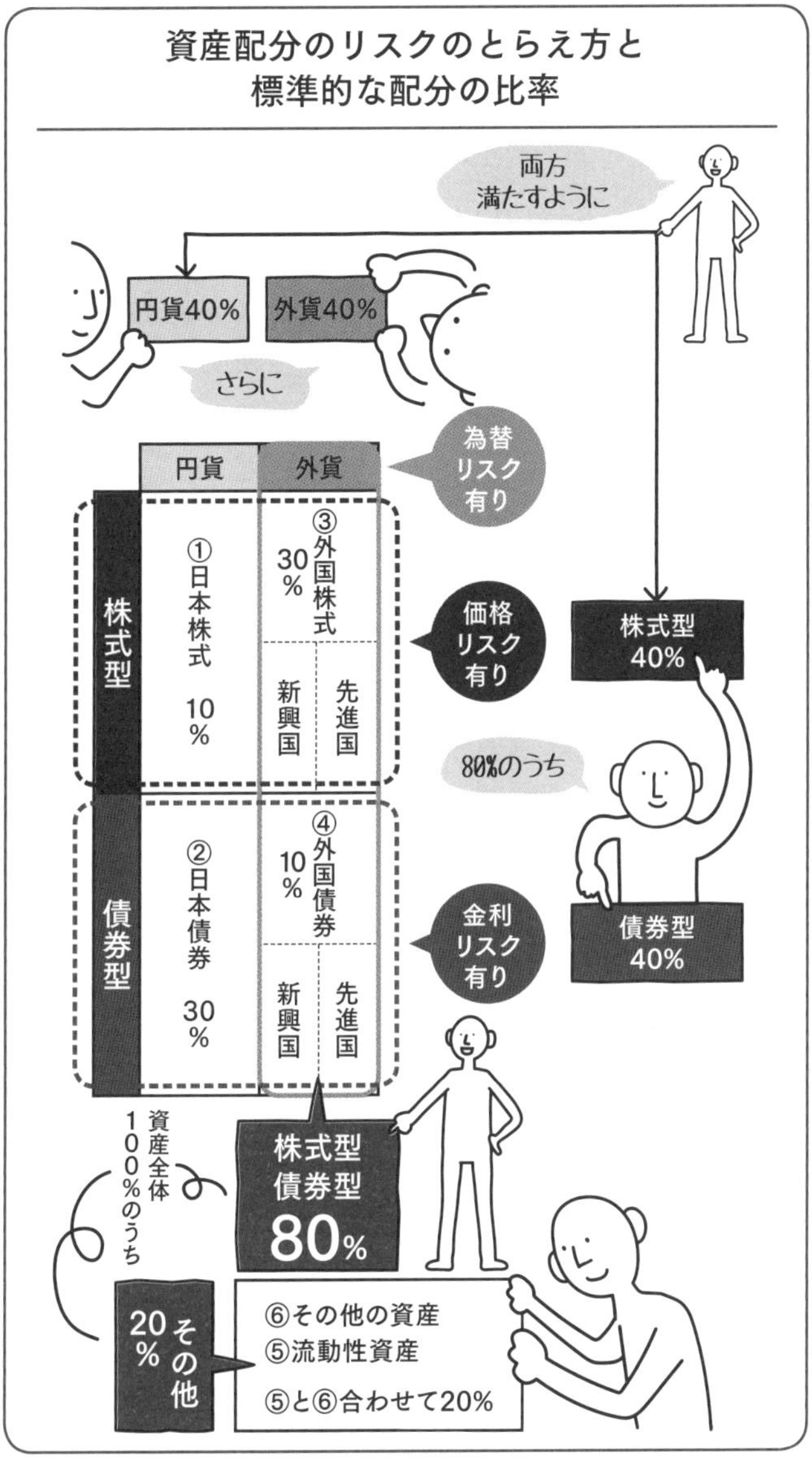
資産配分のリスクのとらえ方と
標準的な配分の比率
両方
満たすように
円貨40%
外貨40%
さらに
円貨
外貨
為替
リスク
有り
株式型
①日本株式
10%
③外国株式
30%
新興国
先進国
価格
リスク
有り
株式型
40%
80%のうち
債券型
②日本債券
30%
④外国債券
10%
新興国
先進国
金利
リスク
有り
債券型
40%
資産全体100%のうち
株式型
債券型
80%
20%
その他
⑥その他の資産
⑤流動性資産
⑤と⑥合わせて20%

21

はじめの一歩を踏み出す

1万円で分散投資を始めてみよう

▼勉強して理解しても、実際に取引しないとわからないことが多い
▼インデックスファンドを使えば、1万円でも分散投資を始めることができる
▼資産を分散していれば、値動きを毎日チェックする必要はない

☑勉強した後は実践あるのみ

資産配分の大切さについて理解できたら、さっそく1万円で投資を始めてみましょう。

いくら勉強しても実際にやってみなければわからないことがたくさんあります。車の運転も、教習所では簡単にできても、実際に路上で運転してみると勝手が違ったりしますよね。

資産運用も**証券会社で自分のお金を使って取引を始めてみると思い通りにいかないことが多くあります。**勉強するのと実際にやってみるのでは勝手がずいぶん変わってくるものです。

☑ 1万円の具体的な分散投資の仕方

インデックスファンドを使って分散投資をします。

ちなみに、お金を増やしたいとあせる気持ちから、**いきなりFX（外国為替証拠金取引）や株式の短期売買などにチャレンジして大きなリターンを目指そうとしてはいけません。**

短期で大きな結果を出そうとすることは、それだけ大きなリスクを取ることにもなります。失敗したときのダメージを考えてみてください。そうすると、10年、20年と長期の運用で最終的に大きな成果を得る投資の基本方針を守ることが重要であることがわかると思います。

資産配分を考える際の注意点は、繰り返しになりますが、株価と為替の2つの大きなリスクを資産の配分比率によってコントロールすることです。

そして、さらに資産を増やすためには、**積立によって資産を積み上げていくこと**です。

では、スタートするときの1万円の振り分け方を見てみましょう。

●日本株式　1000円
●日本債券　3000円

やってみなけりゃわからない
勉強して
仕組みは理解した
バッチリ!!
BUT
なんで?!
実際にやってみると
思い通りにはいかない
始めてからも勉強は続く

●外国株式　3000円
●外国債券　1000円
●流動性資産　1000円
●その他の資産　1000円

具体的な商品例については、左の表をご覧ください。

☑ 投資を始めたら3カ月ほうっておく

投資を始めたら、毎日チェックする必要はありません。

きちんと資産を分散しているので、日々の値動きはそれほど大きなものにはならないからです。このような形であれば、手間もかからず、忙しい人もめんどくさがりの人も長期で続けられるでしょう。

1万円の
アセットアロケーション（資産配分）例

	アセットクラス	比率	金額	商品名
金融資産	❶日本株式	10%	1000円	eMAXIS Slim 国内株式（TOPIX）
	❷日本債券	30%	3000円	eMAXIS Slim 国内債券インデックス
	❸外国株式	30%	1500円	eMAXIS Slim 先進国株式インデックス
			1500円	eMAXIS Slim 新興国株式インデックス
	❹外国債券	10%	500円	eMAXIS Slim 先進国債券インデックス
			500円	eMAXIS 新興国債券インデックス
	❺流動性資産	10%	1000円	MRF
	❻その他の資産	10%	1000円	eMAXIS 先進国リートインデックス

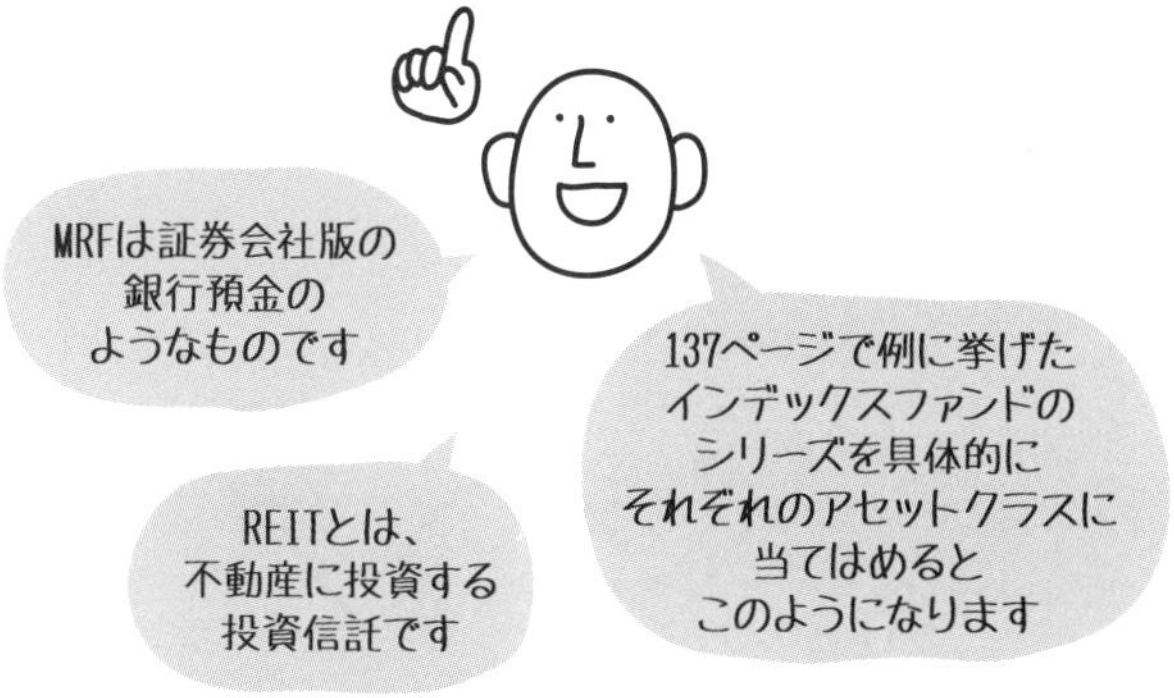
MRFは証券会社版の
銀行預金の
ようなものです
137ページで例に挙げた
インデックスファンドの
シリーズを具体的に
それぞれのアセットクラスに
当てはめると
このようになります
REITとは、
不動産に投資する
投資信託です

CHECK！

流動性資産とその他の資産もバランスよく

資産配分例では、流動性資産とその他の資産で20％としています。流動性資産とは投資する前に資産を待機させておく資金と位置付けることができます。証券会社のMRFのようないつでも投資可能な形にしておきます。

また、その他の資産に配分する場合は、円資産ではなく外貨資産にするのも1つの選択肢です。金（ゴールド）のようなコモディティや仮想通貨、あるいは海外のREITに投資する投資信託などに配分する方法です。

もし、そのような資産を10％保有すれば、資産全体に占める外貨資産の比率が50％となり、為替変動に対してニュートラル（中立的）な資産配分にすることができます。

資産全体の中の
その他20%についても
バランスよく配分
10%
10%

始めた後、気にしすぎない

22

続けるための
ポイントを押さえる

1年かけて資産全体を理想のバランスにシフトする

▼すべての資産の移行には、1年くらいかけるのが目安
▼投資の知識を吸収しつつ、自分のペースで進めることが大切
▼資産運用は長期的視点で、冷静な判断力を持って臨む

☑運用資金は1年かけて移行させていく

試しに1万円で運用を始めた後は、1年を目安にすべての資産を移行させていきます。いきなりすべてを移行させるのはリスクが大きいので、**3カ月ごとに4分の1くらいずつにしましょう。**

そうして、自分の決めたアセットアロケーションの比率に基づく運用に切り替えていくのです。

資産を移行させるスケジュール例

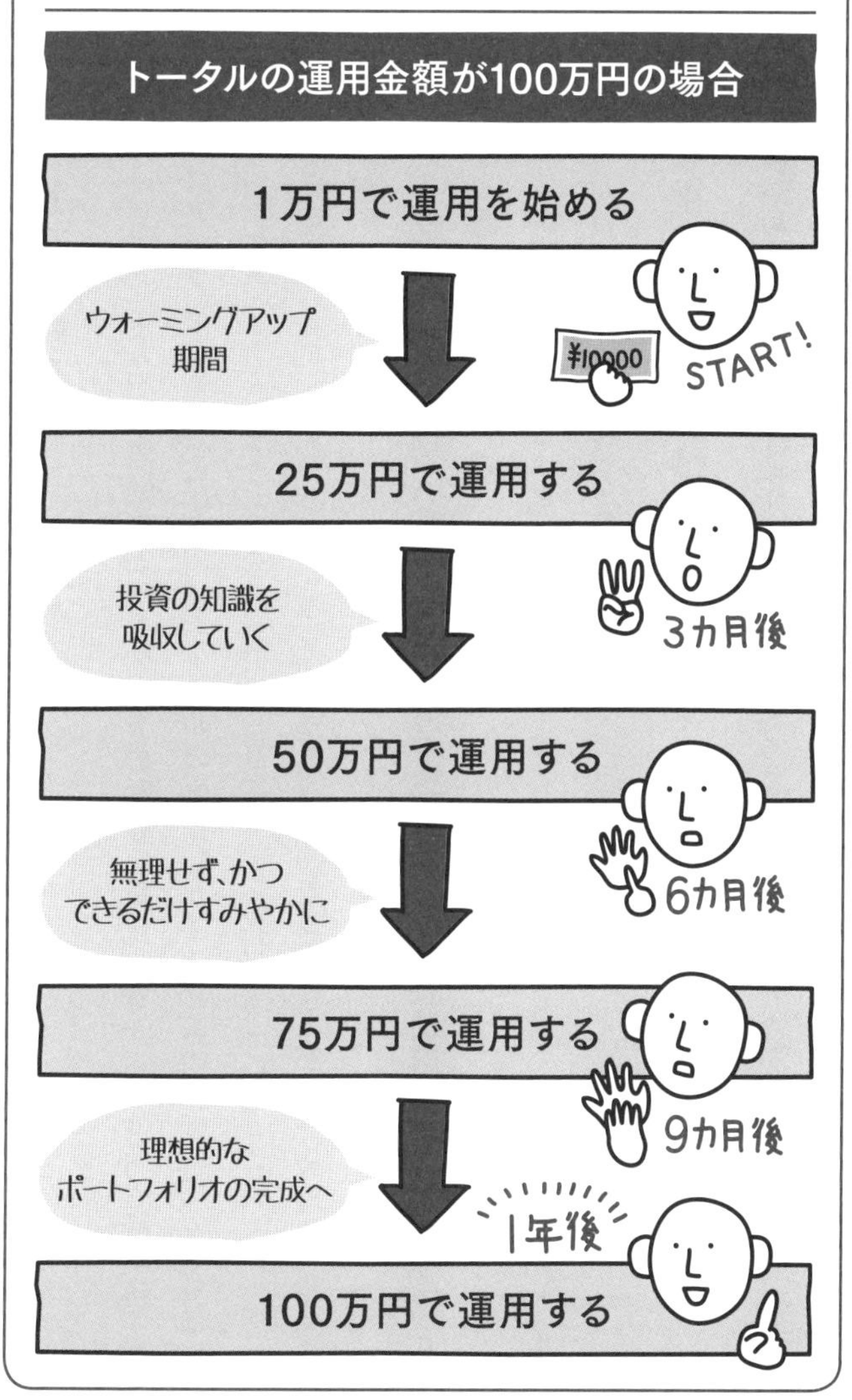
トータルの運用金額が100万円の場合
1万円で運用を始める
ウォーミングアップ期間
¥10000
START!
25万円で運用する
投資の知識を吸収していく
3カ月後
50万円で運用する
無理せず、かつできるだけすみやかに
6カ月後
75万円で運用する
理想的なポートフォリオの完成へ
9カ月後
1年後
100万円で運用する

☑ 納得した上で進める

具体的にはまず、**1万円の値動きとマーケットの動きを見比べながら、3カ月間で投資のウォーミングアップ**をします。たとえばトータルの投資額が100万円の場合、3カ月ごとに25万円ずつ、アセットアロケーションに基づく分散投資に移行させていきます。

少しずつ資産をシフトさせていくことで、**投資の知識を吸収しながら、無理なく1年後には資産全体を理想的なポートフォリオに移行する**ことができます。

1年というのはあくまで目安です。勉強しつつ様子を見ながら**納得した上で、快適と感じるペースで進めてください。**

運用方法に疑問を感じたら、無理にシフトさせることはありません。疑問を解消してから、できるだけすみやかに移行させればよいのです。

☑ 長期的な視点に立ち感情をコントロールする

いったん始めた資産運用は長期的な視点に立って、相場がよいときも思うようにいかないときも続けることが大切です。

冷静な判断ができなくなったら？

似たような状況の経験を思い出す

また、毎月入ってくる給料の中からさらに資金を追加して運用元本を大きくしていけば、そのぶん資産を増やすスピードを早めることができます。

そのために必要なのが、

●積立（165ページ）

●モニタリング（172ページ）

●リバランス（172ページ）

です。

また、長期の運用には、自分自身の感情のコントロールが必要です。商品の選択や売買のタイミングなどで幾度となくそのような場面があるでしょう。

冷静な判断ができなくなったときは、似たような場面の自分を思い出すと、これまでのあなた自身の経験が、一番の味方になってくれるはずです。そのためにも、**普段から投資の記録をつけておきましょう。**

自分のペースを守る

❶あせることなく自分のペースで運用金額を増やす

3カ月経ったけど
まだ少し不安
だから、足すのは
10万円だけに
しておこう
不安

❷疑問に思うことはそのままにしない

なんでこんなに株の
インデックスファンドが
下がっているんだろう？
ちょっと調べよう

納得
納得した上で
運用していく

CHECK！

投資で将来の生活の安心を得る

少子高齢化が進み、日本経済の不安定が続くこれからの時代、老後の年金も病気になったときの医療費も、今までのように国や会社が面倒を見てくれるとは限りません。

つまり、**自分で自分のお金を準備しなければならない**のです。さらに、今後もし円安になれば、円の価値が下落し、日本人の生活水準は下がるでしょう。その対策として、**外貨投資も考えておく**必要があります。

自分の資産は
自分で守る
「自己責任」が強く
求められて
いるのです
自己責任

23

続けるための
ポイントを押さえる

継続のコツ1

積立を活用する

▼積立投資は、平均購入コストを抑えつつ、資産形成ができる
▼定額購入をすれば、株価の変動に自動的に対応することができる
▼ドルコスト平均法を利用すれば、売買のタイミングを平均化できる

☑積立を活用する2つのメリット

積立投資とは、給与天引きの積立のように、毎月決まった金額を投資信託に投資していくことです。これには2つのメリットがあります。

①いつの間にか資産形成が進む

自分で毎月投資をするといっても、つい忘れてしまったり、お金が必要になって使ってしまったり、と計画的に資産形成ができないことが多いものです。しかし、積立にすると毎月決まった金額が自動的に引き落とされて投資に回されるので、自分で意識しなくても資産形成を続けることができます。

②ドルコスト平均法によって効率的な買付ができる

ドルコスト平均法とは、定期的に定額を積み立てていくことで平均購入コストを引き下げようとする方法です。単純に言えば、**安いときに多く買って平均購入金額を下げる**テクニックです。

☑ドルコスト平均法のカラクリ

日本株の例でお話ししましょう。169ページの表は日本株に2つの方法で投資した場合を比較した表です。毎月3万円ずつ購入していく場合と、毎月3株ずつ購入していく場合を比較しています。

定額購入の場合、株価が変動すると自動的に購入株数が調整されます。投資した総額は同じ9万円ですが、金額を固定するドルコスト平均法なら、**高いときには少なく、安いときには多く買い、購入単価を下げることができる**のがわかります。

これが、先ほどもお話ししたドルコスト平均法のメリットです。

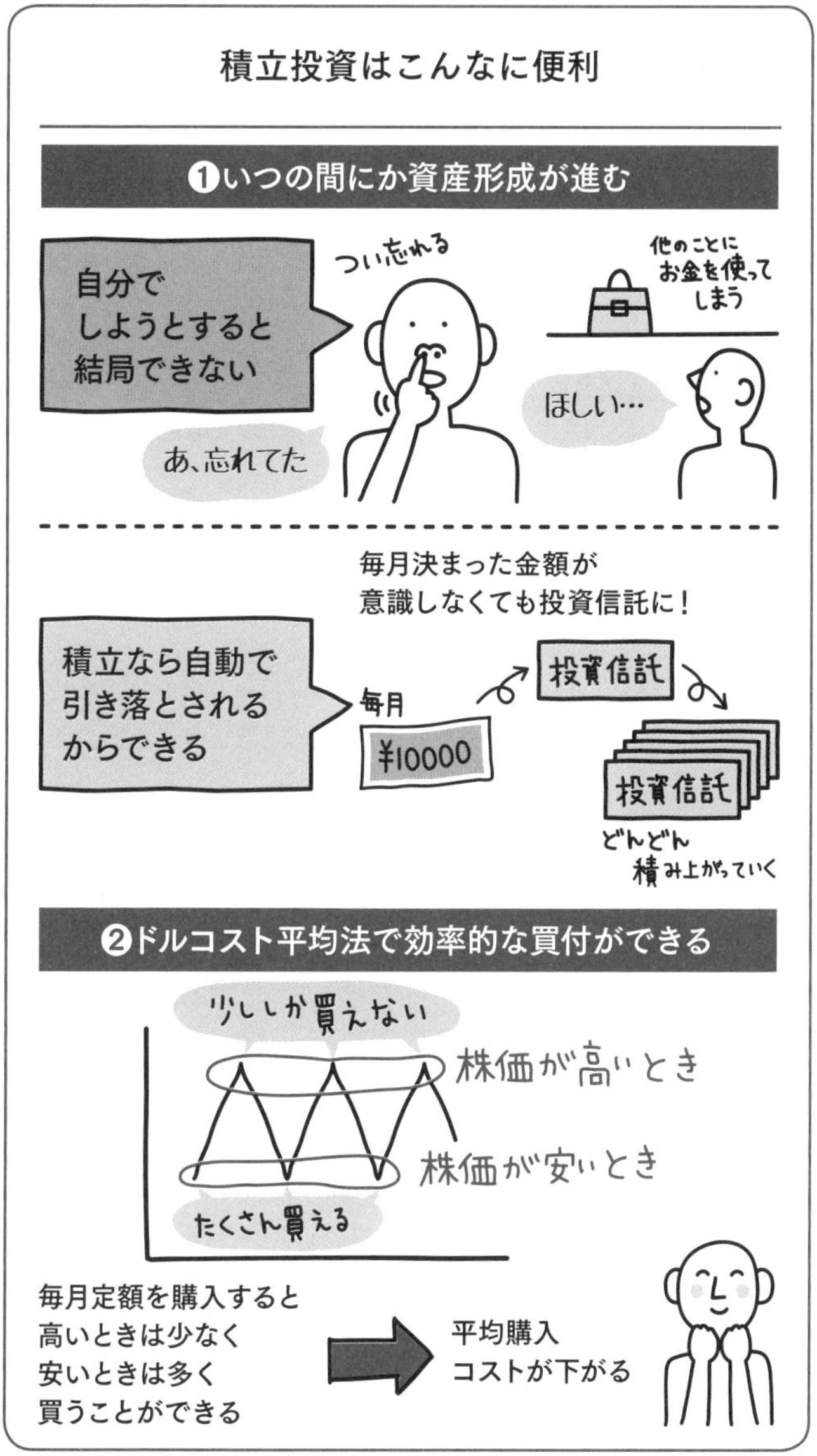
積立投資はこんなに便利
❶いつの間にか資産形成が進む
自分でしようとすると結局できない
つい忘れる
あ、忘れてた
他のことにお金を使ってしまう
ほしい…
毎月決まった金額が意識しなくても投資信託に！
積立なら自動で引き落とされるからできる
毎月
¥10000
投資信託
投資信託
どんどん積み上がっていく
❷ドルコスト平均法で効率的な買付ができる
少ししか買えない
株価が高いとき
株価が安いとき
たくさん買える
毎月定額を購入すると高いときは少なく安いときは多く買うことができる
平均購入コストが下がる

☑投資家の一番の悩みを解決してくれる

ドルコスト平均法は、投資信託の積立を使えば誰でも実践することができます。

投資はタイミングによって儲けが出るものです。安いときに大量に買って、高くなってから売れれば、大きなリターンが得られます。

そのため、「いつ買うか」「いつ売るか」を一番に考えている投資家が多いのが現実です。

しかし、**売買のタイミングに悩んでも確実な答えは出せません。最安値のタイミングなんて、誰にもわからないのです。**

答えが出ないことに悩むことはやめて、ドルコスト平均法で継続購入したほうが、リスクが分散され、資産も増える可能性が高くなるといえるでしょう。

さらに**個人投資家は、景気がよくなり株高になると買いたくなり、景気が悪くなり株安になると売りたくなるという、心境に陥りがち**です。

積立投資は、その大失敗を「時間の分散」によって防ぐ堅実な方法だといえるでしょう。

ドルコスト平均法の効果

買い方		毎月 3株ずつ 購入		毎月 3万円ずつ 購入	
月	株価	購入株数	購入金額	購入株数	購入金額
1月	10,000円	3株	30,000円	3株	30,000円
2月	15,000円	3株	45,000円	2株	30,000円
3月	5,000円	3株	15,000円	6株	30,000円
合計		9株	90,000円	11株	90,000円

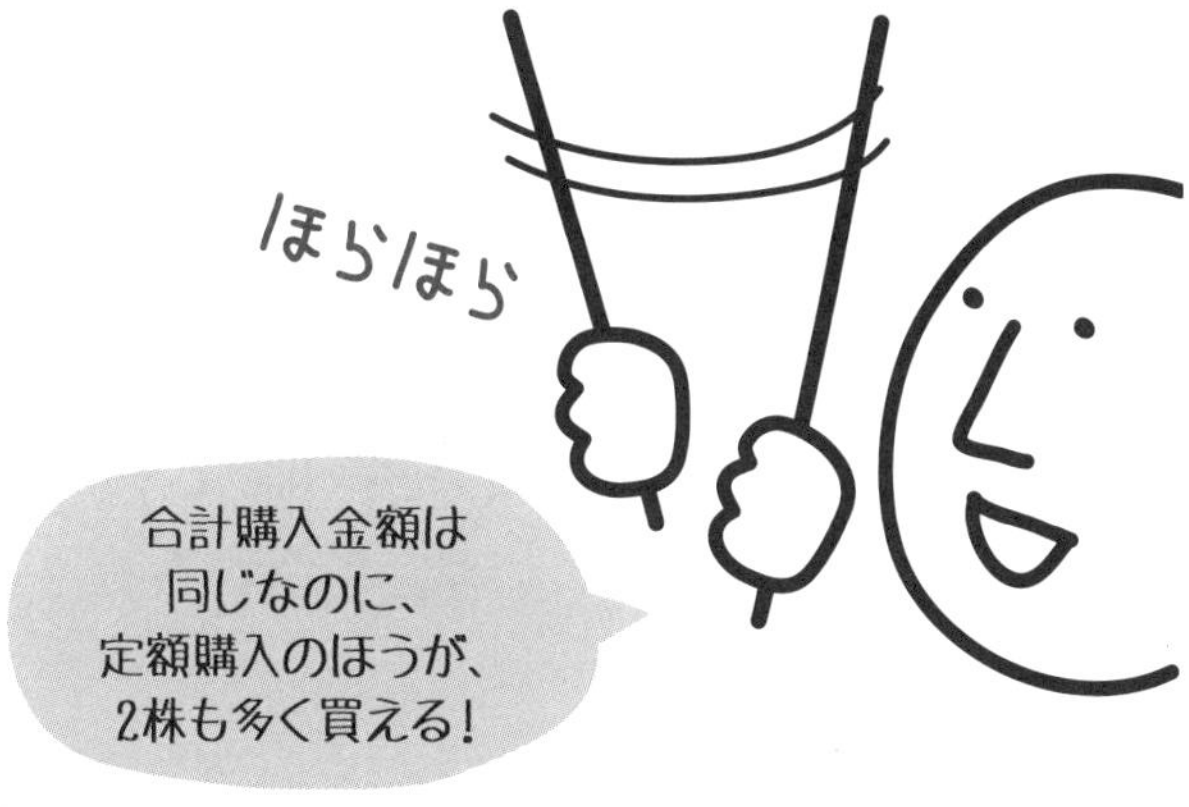
ほらほら
合計購入金額は
同じなのに、
定額購入のほうが、
2株も多く買える!

CHECK !

投資は社会貢献になる

株式などに投資されたお金は、企業の経済活動に使われ、新しい価値を生み出します。その結果、企業の価値が高まり、投資のリターンとなります。

つまり、**投資の利益とは社会に価値が生み出されたことに対するご褒美であり、お金が社会で有効に使われたことの証明**なのです。

投資の利益は決して
「アブク銭」のような
ネガティブなイメージの
ものではありません

24

続けるための
ポイントを押さえる

継続のコツ2

モニタリングとリバランスを行う

▼投資を始めたら、続けるためにメンテナンスを行う
▼手間のかからない方法で、3カ月に1回はモニタリングする
▼資産配分の比率が崩れたら、1年に1回リバランスする

☑資産運用にはメンテナンスが必須

投資は始めることも大事ですが、続けることがもっと重要です。そのために、欠かせないのがメンテナンスです。

資産運用のメンテナンスとは、「3カ月に1回の資産状況のチェック（モニタリング）」と、「1年に1回を目安に行う資産配分比率の修正（リバランス）」です。

これらをしっかりと行うことで、着実に長期で資産を積み上げていくことができます。

☑モニタリングで資産の状況を確認する

毎月、ドルコスト平均法の考え方に基づく積立によって、資産を追加していきながら、定期的に資産の状況をチェックしていきます。これが「モニタリング」です。

3カ月に1回、自分の資産を見直すのです。ちょうど証券会社からも取引残高報告書が3カ月ごとに送られてきますから、そのタイミングで行うとよいでしょう。

銀行などの金融機関の資産も確認し、時価評価をして、配分比率が変わっていないかどうかをチェックしていきましょう。

モニタリングで大切なのは、手間のかからない方法に仕組み化することです。エクセルなど表計算ソフトを利用し、数字を更新すれば自動計算されるようなものが便利でよいと思います。

☑リバランスで資産の配分を調整する

モニタリングをして、資産配分が理想の状態とずれてきたときに「リバランス」を行います。比率の大きくなったものを売却し、低くなったものを購入して、あるべき配分比率に修

リバランスをしよう

**1年に1回、比率の大きくなったものを売り、
低くなったものを買い増し、
資産の配分比率を元に戻す**

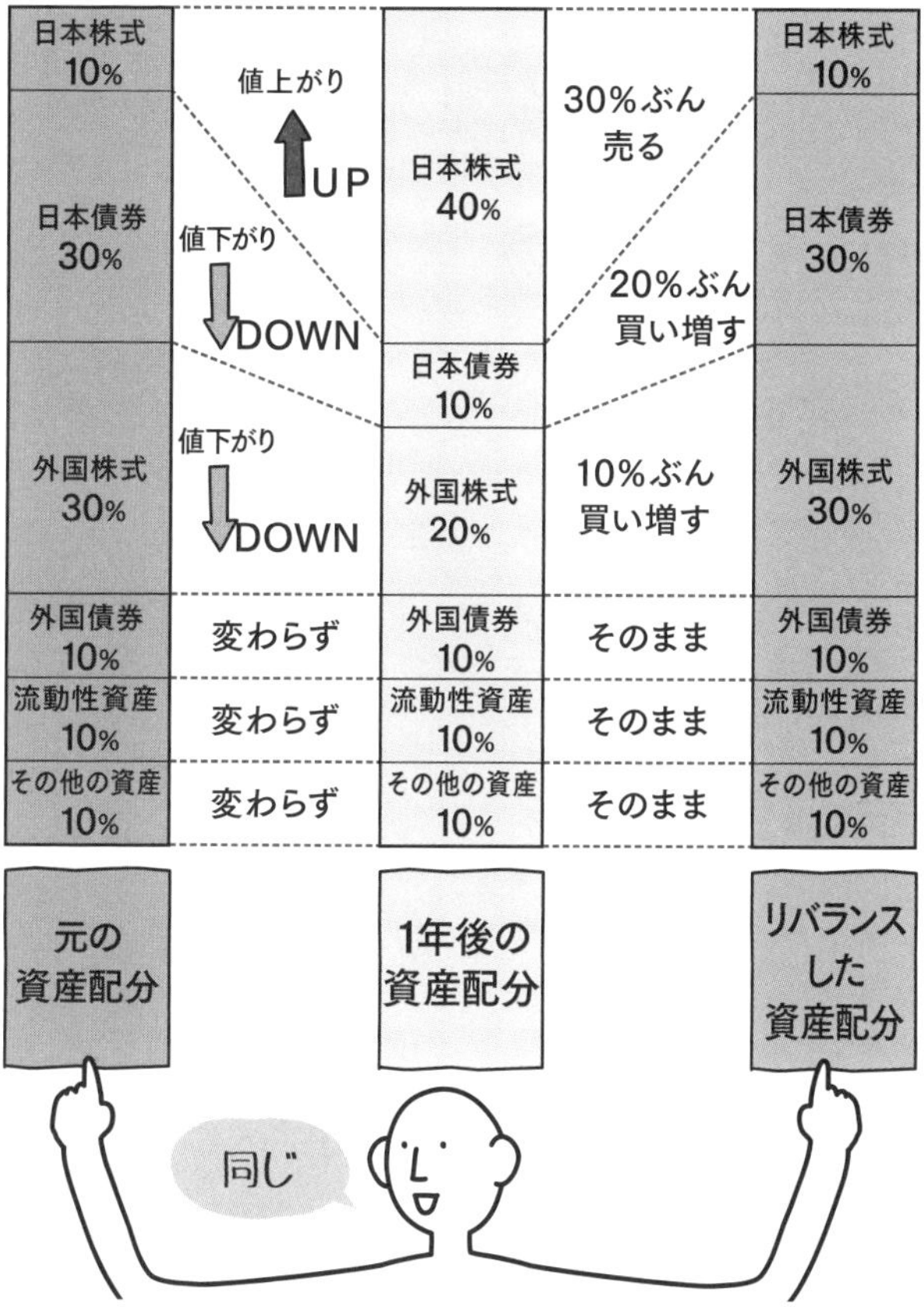

モニタリングをしよう

3カ月に1回、資産状況を確認して、表計算ソフトに入力する

時価を入力
配分は大丈夫かな?
〇〇銀行
通帳の記帳をする
取引残高報告書をチェック

正していくのです。値下がりしたものを買い、値上がりしたものを売ることになりますから、**割安なものを買って割高なものを売る逆バリの発想**になります。

ただし、リバランスは頻繁にやればやるほどよいというわけではありません。なぜなら、売買には、そのたびに手数料などのコストがかかるからです。

過去データの検証によると、**年1回程度のリバランスはリターンに好影響を与えること**がわかっています。3カ月ごとのモニタリングで資産全体を見ながら、目標とする資産配分が大きく乖離してしまった場合にだけ、実施すればよいでしょう。

CHECK！

投資で自己成長できる

投資を始めると経済の動きやマーケットの変動に注意するようになり「なぜ円高になったのだろう？」「どうして景気は悪化しているのだろう？」といった疑問が出てきます。

そんな疑問を解決していく中で経済や金融に関する知識を得ることができます。**社会人として知っておくべき情報や知識を無理に勉強しなくても、投資をはじめることで自然と身につけることができる**のです。

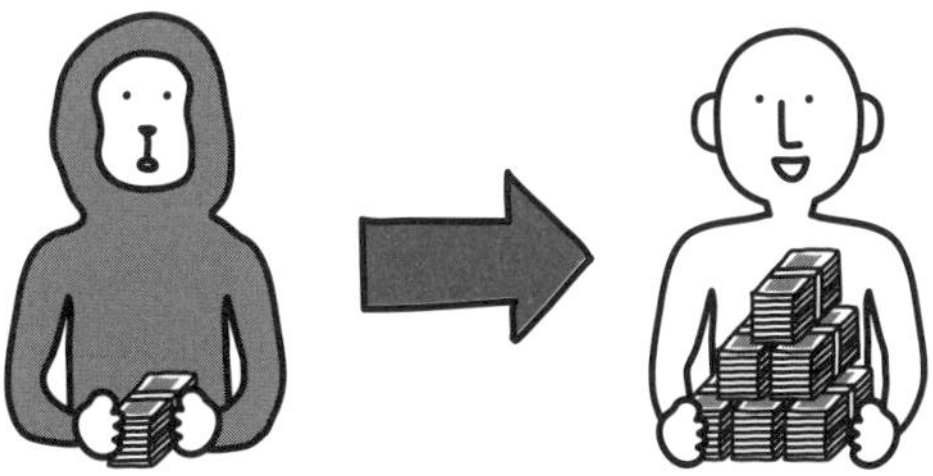

資産とともに自分も成長できるのが、投資の大きなリターン

資産運用を始める前のチェック❹

✓CHECK 1　投資信託のコストのうち、必ずかかるのはどっち？

A 販売手数料

B 信託報酬

まいど
どうも
持ってるだけなのに…
投資信託
売買時にかかる販売手数料
保有している間ずっとかかる信託報酬

✓CHECK 2　初心者におすすめの投資信託というと？

A インデックスファンド

B アクティブファンド

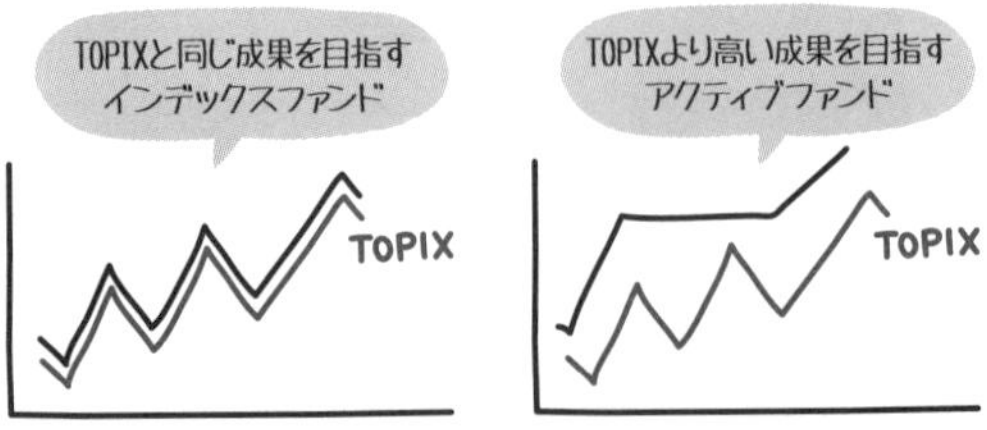

TOPIXと同じ成果を目指すインデックスファンド
TOPIX
TOPIXより高い成果を目指すアクティブファンド
TOPIX

答え　1=B（→126ページ）　2=A（→133ページ）

✓CHECK 3 資産運用の成果を左右する最も大きな要因は何？

A 投資するタイミング

B 資産配分

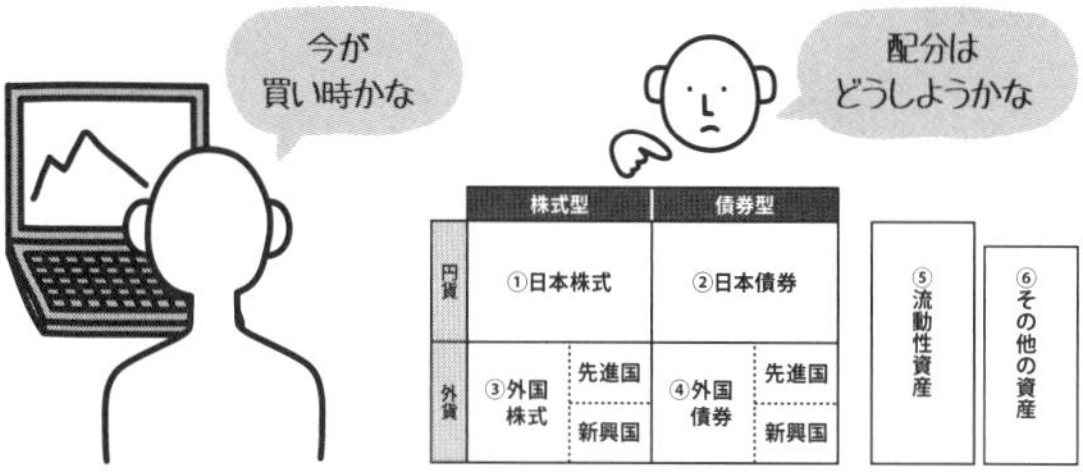

✓CHECK 4 リスクはどの資産の比率で調整する？

A 株式型資産と外貨資産

B 債券型資産とその他の資産

答え 3=B（→140ページ） 4=A（→146ページ）

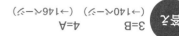

✓CHECK 5 積立投資とはどのような商品？

A 毎月決まった口数を購入していく

B 毎月決まった金額を購入していく

✓CHECK 6 資産配分のリバランスで行うことは？

A 値下がりしたものを買い、
値上がりしたものを売る

B 値下がりしたものを売り、
値上がりしたものを買う

答え
5=B（→165ページ）
6=A（→171ページ）

PART 5

口座を使い分け、
さらに資産を増やす

25

お金を増やしていく
仕組みを知る

税制面でおトクな口座 iDeCoとNISAを活用

▼3種類の口座を使い分けることで、より効果的な資産運用ができる
▼iDeCoには〝老後〟、NISAには〝近い将来〟必要となるお金を貯める
▼iDeCo→NISA→一般口座・特定口座の順に箱を埋めていく

☑口座を使い分け、より高い投資効果を得る

投資を始めるにはまず、銀行や証券会社などに口座を開設しますが、口座にはいくつか種類があります。ここでは3種類の口座＝箱を使って、より効果的な分散投資をする方法についてお話しします。

3つの箱にはそれぞれ特徴がありますから、**箱を上手に使い分け、より高い投資効果を狙っていきましょう。**

まず、3つの箱とは、

①iDeCo（イデコ）（個人型確定拠出年金）
②NISA（ニーサ）（少額投資非課税制度）
③一般口座・特定口座

です。

☑3つの箱のそれぞれの特徴

①iDeCo

税制上、最も優遇されている箱です。ただし、毎月の積立額には上限があり、60歳になるまで、引き出すことはできません。

そのため、長期間にわたって運用し、**将来の老後資金を貯めるのに適した口座**といえます。

②NISA

iDeCoほどではありませんが、税制上のメリットがある箱です。

さらには、いつでも解約できますので、**近い将来必要となるかもしれない資産の運用に**

向いています。

また、NISAには、通常のNISAの他に、子供の教育費等を貯めるのに適したジュニアNISA（原則、子供が18歳になるまで引き出せません）や、より少額の資金で長期間運用していく、つみたてNISAがあります。

③一般口座・特定口座

一般的な証券口座のことです。特に税制上の優遇はありませんが、**iDeCoの上限、NISAの上限を上回る額の投資をする場合には利用**します。

一般口座を利用する場合、1年間の取引による損益を自分で計算し、確定申告をしなければなりません。

一方、特定口座を利用する場合は、1年間の取引による損益について、金融機関が年間取引報告書を作成してくれます。

特定口座はさらに、「源泉徴収あり」「源泉徴収なし」を選択します。

「源泉徴収なし」を選択した場合は、金融機関が作成してくれた年間取引報告書を参考に自分で確定申告をします。「源泉徴収あり」を選択した場合は、金融機関が代わりに税金

3つの「箱」の仕様

	iDeCo	NISA	一般口座・特定口座
投資額の下限	5000円	100円	100円
投資額の上限	年額14.4万～81.6万円	年額120万円	なし
引き出しの制限	60歳まで引出不可	なし	なし
税制上のメリット	あり（大）	あり	なし

iDeCo、NISAは
税制上の優遇はあるけど、
投資額の上限もあります

を納めてくれますので、確定申告は必要ありません。

☑メリットの大きい箱から順に利用していく

3つの箱のうち、できるだけメリットの大きい箱を優先して使っていくのが理想です。

基本的な優先順位は、

iDeCo↓NISA↓一般口座・特定口座

の順です。

メリットの大きい箱ほど、箱の容量（年額の上限）は小さいので、箱があふれたら次の箱、というように使っていきましょう。

理想的な「３つの箱」の使い方

**iDeCo、NISA の箱がいっぱいになってから、
一般口座・特定口座の箱に入れていく**

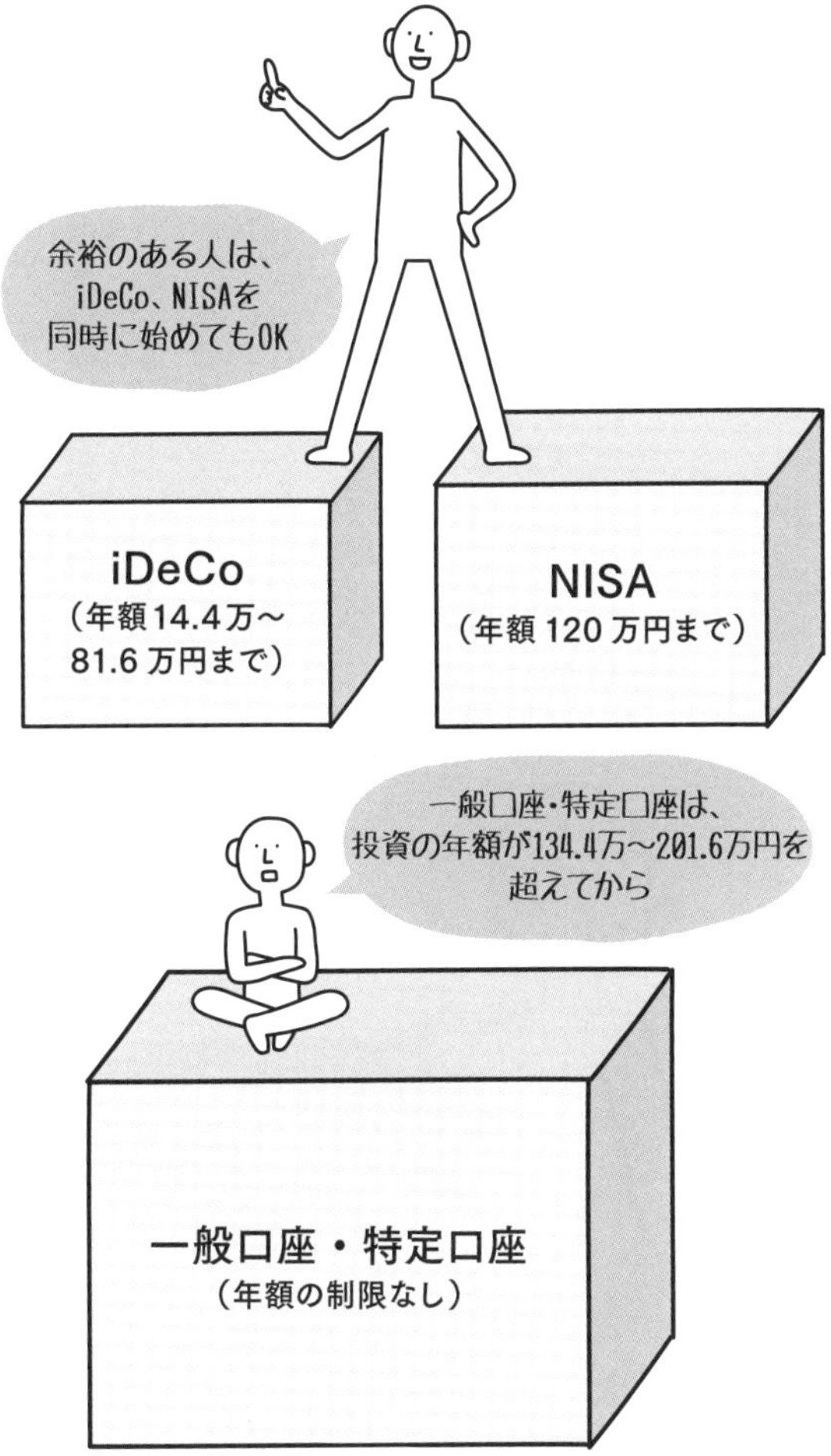

CHECK！

100円から始めたい人はまずNISA

　iDeCoには最低投資金額があり、その額は5000円です。また、60歳以降にしか引き出すことができないため、いきなりiDeCoから始めるのは不安という人もいるでしょう。

　そのような人はまず、NISAから始めてみましょう。**NISAなら100円から始めることができ、いつでも解約できます。**

まずはNISAで
投資を
体験してみよう

26

お金を増やしていく
仕組みを知る

老後に備えるなら、iDeCo（イデコ）口座

▼iDeCoは個人の責任のもと、老後のための資産を運用する口座
▼下限は月額5000円。上限は職業などにより、個人個人異なる
▼銀行や証券会社によって、投資できる商品のラインナップが違う

☑ iDeCoとは個人で運用する年金制度

iDeCoは、20歳以上60歳未満の人が、**自分自身で資産を運用し、将来に備えるための個人型確定拠出年金**のことです。

確定拠出年金とは、毎月、決めた金額を積み立て（＝拠出）、運用次第で受け取れる金額が変わってくる年金制度のことです。企業型と個人型があります。

iDeCoは、原則、60歳まで引き出すことができませんが、さまざまな税制上のメリッ

iDeCoを始める前にやるべきこと

❶自分が加入している年金制度を確認

年金手帳を確認したり、会社員の人は会社の人事部に、自営業の人は国民年金基金や日本年金機構に問い合わせする

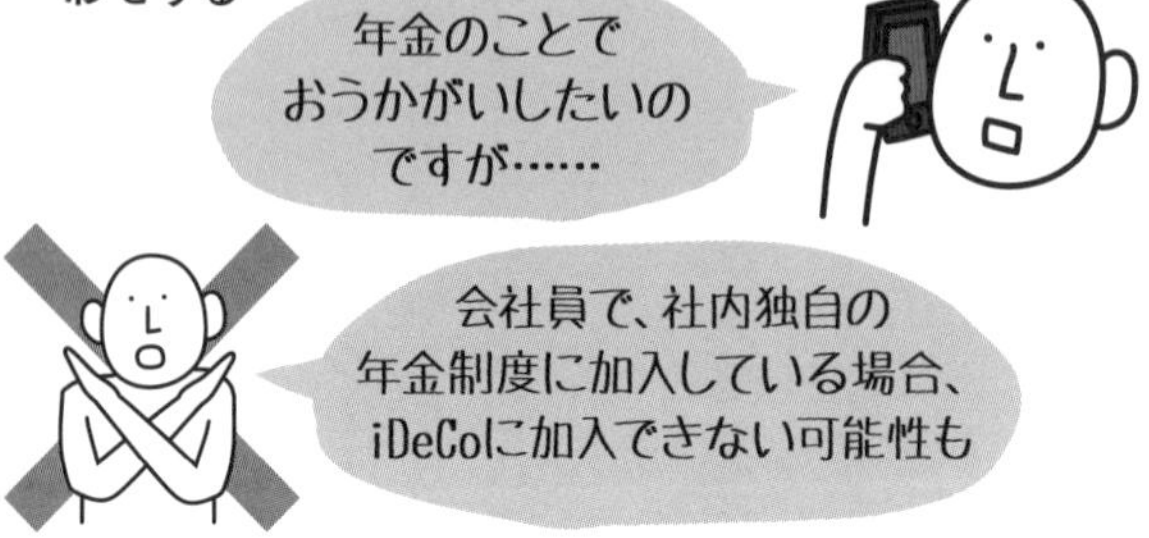
年金のことでおうかがいしたいのですが……
会社員で、社内独自の年金制度に加入している場合、iDeCoに加入できない可能性も

❷自分のiDeCoの上限金額を調べる

トがあり、**老後資金を備えるために最も適した口座**といえます。

口座を開く金融機関としては、手数料が安く、商品数も多い、ネット証券がおすすめです。

☑ iDeCoの仕組み

iDeCoは月額5000円から始めることができ、1000円単位で積立金額を上乗せしていくことができます。

ただ、途中で引き出すことはできないため、無理のない範囲で金額を決めることが大切です（年に1度だけ、積立金額の変更や中断が可能）。

積立金額は下限だけでなく、職業によって、つまり、加入している公的年金制度によって、

iDeCo は税金面でおトク！

❶掛け金が全額所得控除される
❷運用益が非課税である
❸年金で受け取る場合は「公的年金控除」、一時金で受け取る場合は「退職所得控除」が適用される

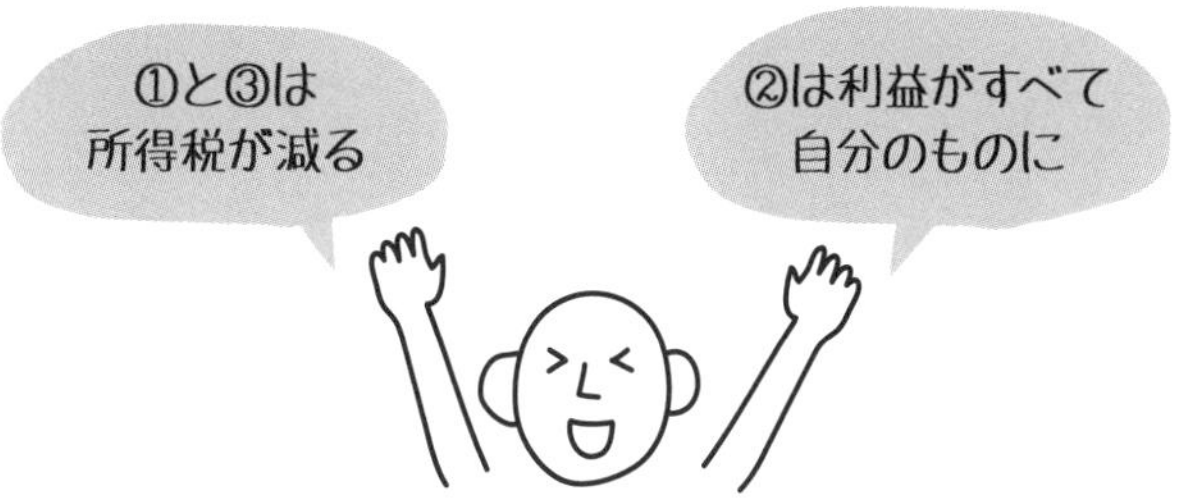
①と③は
所得税が減る
②は利益がすべて
自分のものに

上限も決まっています。

たとえば、**月額でいうと、自営業者は6・8万円、会社員等は1・2万～2・3万円、公務員等は1・2万円、専業主婦（夫）は2・3万円です。**

まずは、自分が加入している年金制度を確認し、自分の上限金額を調べましょう。会社員で社内独自の年金制度（企業型確定拠出年金）に加入している場合は、規約で認められていなければ、iDeCoに加入することができません。

☑ iDeCoの3つの税制メリット

iDeCoの最大のメリットといえば、税金が優遇されていることです。

①掛け金が全額所得控除の対象
②運用益が非課税
③60歳以降、年金で受け取る場合は「公的年金控除」、一時金で受け取る場合は「退職所得控除」が適用される

金融資産の運用においてはiDeCoが税制上は最も優遇されている制度といえます。したがって、自分が利用できる限度額を確認した上で、その上限まで毎月の積立を行うようにするのがよいでしょう。

税制は異なっても資産運用の方法は一般口座でもNISAでも同じやり方で問題ありません。従来の年金制度だけでは老後の経済的な不安を解消することは難しい時代になりました。医療の進歩によって平均寿命もこれから延びていけば、必要なお金もその分大きくなっていきます。そんな「長生きリスク」に対応するためにiDeCoの制度を理解し積極的に活用するようにしましょう。

iDeCoの積立金額の上限

（第1号被保険者）自営業者		月額6・8万円（年額81・6万円）※「国民年金基金」「国民年金付加保険料」と合算
（第2号被保険者）会社員・公務員等	公務員等	月額1・2万円（年額14・4万円）
	企業型確定拠出年金と確定給付型年金に加入している	月額1・2万円（年額14・4万円）
	確定給付型年金に加入している	月額1・2万円（年額14・4万円）
	企業型確定拠出年金に加入している	月額2万円（年額24万円）
	企業年金等には加入していない	月額2・3万円（年額27・6万円）
（第3号被保険者）専業主婦（夫）		月額2・3万円（年額27・6万円）

CHECK！

iDeCoの受給開始年齢

iDeCoは加入していた期間に応じて、受給開始年齢が決まっています。

iDeCo は加入していた期間に応じて、受給開始年齢が決まっています。

加入期間	受給開始年齢
10 年以上	60 歳
8 年以上 10 年未満	61 歳
6 年以上 8 年未満	62 歳
4 年以上 6 年未満	63 歳
2 年以上 4 年未満	64 歳
1 カ月以上 2 年未満	65 歳

10年未満の場合は、受給可能年齢が繰り下げられます

27

お金を増やしていく
仕組みを知る

必ず活用しよう、NISA（ニーサ）口座

▼「NISA」「つみたてNISA」「ジュニアNISA」の3種類がある
▼NISA口座を通して投資をすると、利益が非課税になる
▼NISAは制度の変更が多いので、常に最新情報をチェックする

☑年間120万円までの投資に対する利益が非課税になる

NISAは、2014年から始まった税制優遇制度です。正式名称は「少額投資非課税制度」といいます。

本来であれば、株式や投資信託への投資によって得られる運用益に対し、約2割の税金がかかってきますが、NISA口座を通すと、**年間120万円までの投資の運用益が非課税となります。**

20歳以上なら、NISA

利用できる人	日本在住の20歳以上
口座開設可能数	1人1口座
掛け金の上限	年額120万円
非課税期間	最長5年間
投資可能期間	～2023年
運用管理者	本人
引き出しの制限	なし

NISA
か、
つみたて
NISA
のどちらか1つしか
利用できません
1っだけ

最長5年間持ち続けることができますので、**最大600万円の投資の利益が非課税**になります。

iDeCoの税制メリットにはかないませんが、一般口座・特定口座で投資をするよりは節税となり、解約も好きなときにできますので、近い将来、必要になるお金を運用するのに最適な口座といえるでしょう。

ただし、投資ができるのは、**2023年までの期間限定**となっています。

☑ NISA口座はネット証券で開く

NISAを利用するには、まず証券会社や銀行などで証券用の口座を開いた後に、NISA口座を開設します。開設できるのは1人

ごく少額の資金なら、つみたてNISA

利用できる人	日本在住の20歳以上
口座開設可能数	1人1口座
掛け金の上限	年額40万円
非課税期間	最長20年間
投資可能期間	～2037年
運用管理者	本人
引き出しの制限	なし

対象商品は、長期の積立、分散投資に適したものに限定されています
20年間で最大800万円の非課税枠

１口座のみで、一度開設すると、その年は他の金融機関へ口座を移すことができません。ですので、どこの金融機関で開設するか、はじめにしっかりと検討することが大切です。

さまざまな金融機関でＮＩＳＡ口座を開くことができますが、やはりおすすめは、商品ラインナップも豊富で、販売手数料が安いネット証券です。

販売手数料のかからないノーロードファンドの扱いが多いのもネット証券です。

ＳＢＩ証券、楽天証券、マネックス証券といった大手ネット証券がおすすめですが、ネット証券であれば、基本的な手数料などにほとんど違いはないので、使いやすさや画面デザインなどの好みで選ぶとよいでしょう。

未成年者は、ジュニアNISA

利用できる人	日本在住の0～19歳
口座開設可能数	1人1口座
掛け金の上限	年額80万円
非課税期間	最長5年間
投資可能期間	～2023年
運用管理者	本人の二親等以内の親族
引き出しの制限	本人が18歳になるまで引出不可

子供の大学進学資金や
独立資金を貯めるのに
最適です

NISAを上手に活用するための注意点

1年間で120万円という非課税枠ですが、たとえ使い切れなかったとしても、次年度に持ち越すことはできません。そして、売却したぶんの非課税枠を再利用することもできません。

また、**NISA口座は他の口座との損益通算をすることができない点**にも注意が必要です。NISAで利益が出た場合は税金がかからず、本来のNISAの恩恵を受けることができますが、NISA口座で損をし、一般口座で利益が出た場合、差し引きできないので課税額が大きくなってしまいます。

ＮＩＳＡには、通常のＮＩＳＡの他に、つみたてＮＩＳＡとジュニアＮＩＳＡがあります。

つみたてNISAは、ごく少額の資金を長期にわたって積立し、分散投資することを目的として、２０１８年より始まりました。投資可能期間は２０３７年までとなっています。

ジュニアＮＩＳＡは、未成年者を対象に２０１６年より始まりました。**両親や祖父母等が運用し、本人が18歳になるまで引き出すことはできません。**投資可能期間は、２０２３年までとなっています。

それぞれ限度額や対象者に違いがあります。また、ＮＩＳＡは、毎年のように制度が見直されていますので、最新の制度概要を常にチェックしましょう。

CHECK！

家族みんなでNISAを使おう

NISAは1人1口座しか持つことができず、上限も決まっています。しかし、家族全員が持ったらどうでしょう？

例　両親と子供2人の4人家族の場合

両親（NISA）
年額120万円×5年間×2人

子供2人（ジュニアNISA）
年額80万円×5年間×2人

合計すると、最大で
2000万円の非課税枠
となります
なんと！

28

お金を増やしていく
仕組みを知る

3つの箱の最適なアセットアロケーション

▼将来必要となる時期で投資金額を分け、最適な箱に振り分ける
▼使う箱がいくつでも、全体のアセットアロケーションは変わらない
▼投資に慣れるまでは、すべての箱で資産の配分比率を同じにする

はじめはすべての箱を標準的な配分比率に

iDeCo、NISAのメリットがわかったら、3つの箱それぞれに入れる金額を決めましょう。

①投資に使える金額を決める
②iDeCoの自分の掛け金の上限を調べる

③①で出した金額を**将来必要となる時期で分ける**

❶近い将来（教育資金・住宅購入資金など）

❷老後（使う予定がない）

❸いつかわからない（いつでも使えるよう備えておきたい）

④③で出した金額を最適な箱に振り分ける

❶→**NISA**（年額120万円を超えるぶんは、一般口座・特定口座へ）

❷→**iDeCo**（②の金額を超えるぶんは、NISAへ）

❸→**NISA**（年額120万円を超えるぶんは、一般口座・特定口座へ）

⑤④で振り分けた金額をそれぞれの箱ごとに合計し、上限を超えるぶんは再度振り分け、3つの箱それぞれの投資金額を出す

3つの箱それぞれの投資金額を出したら、PART4でお話しした資産の配分比率（＝アセットアロケーション）を、3つの箱にあてはめます。

箱が1つでも2つでも3つ使う場合でも、全体のアセットアロケーションは変わりません。

それぞれ箱に入れる金額の出し方

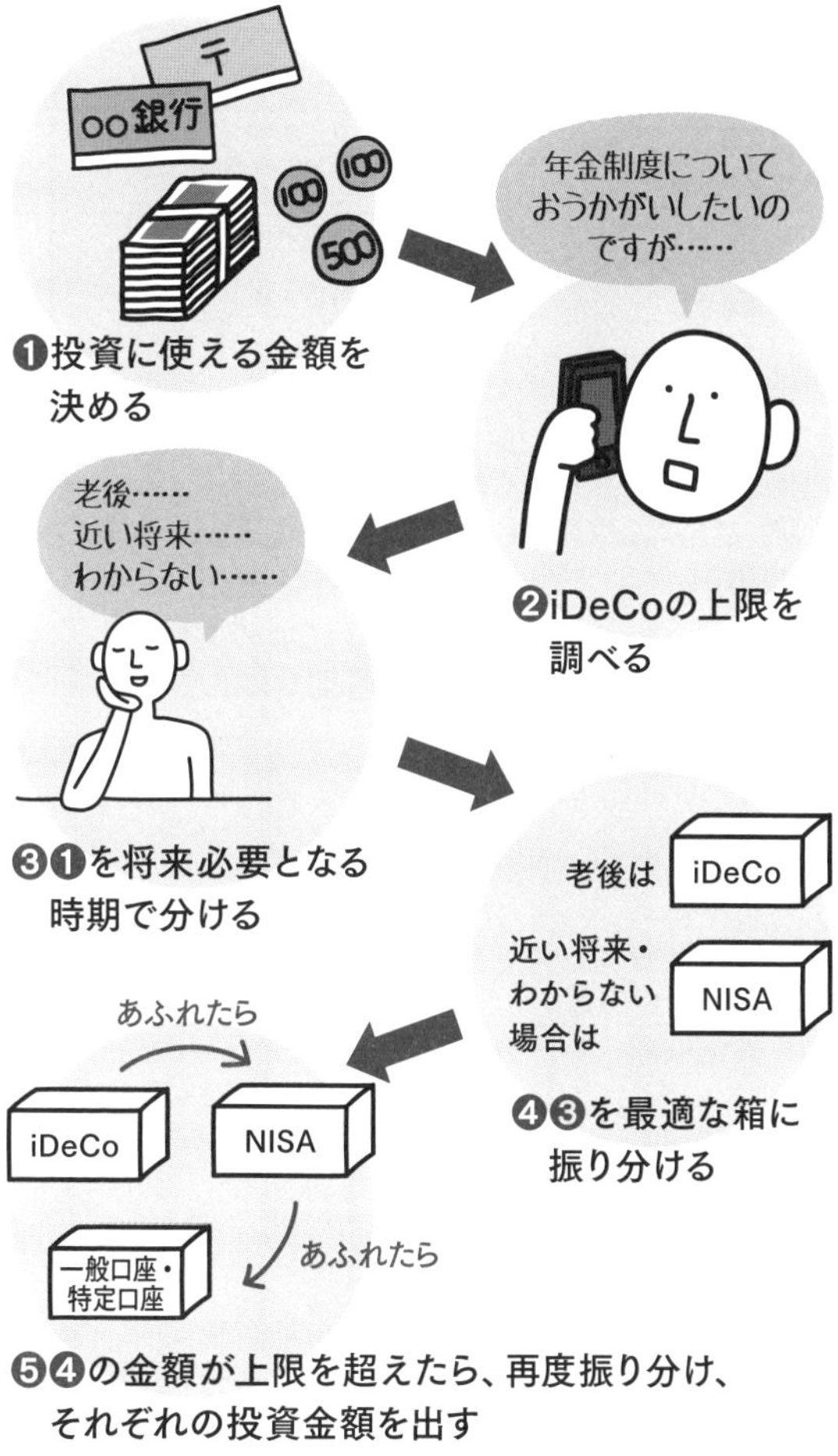
〒
○○銀行
100
100
500
❶投資に使える金額を決める
年金制度についておうかがいしたいのですが……
❷iDeCoの上限を調べる
老後……
近い将来……
わからない……
❸❶を将来必要となる時期で分ける
老後は
iDeCo
近い将来・わからない場合は
NISA
❹❸を最適な箱に振り分ける
あふれたら
iDeCo
NISA
あふれたら
一般口座・特定口座
❺❹の金額が上限を超えたら、再度振り分け、それぞれの投資金額を出す

慣れるまでは、すべての箱を同じアセットアロケーションに

例 資産1000万円未満の場合

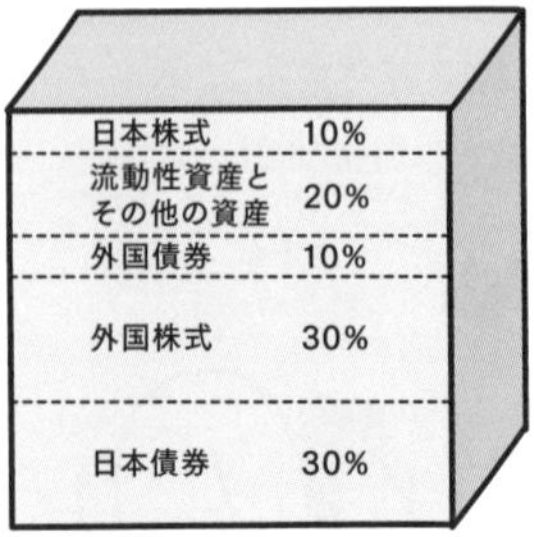

日本株式 10%
流動性資産とその他の資産 20%
外国債券 10%
外国株式 30%
日本債券 30%

iDeCo

・老後用

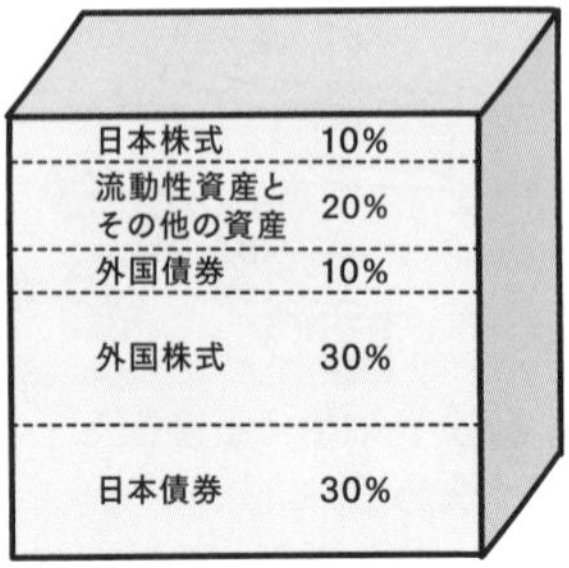

日本株式 10%
流動性資産とその他の資産 20%
外国債券 10%
外国株式 30%
日本債券 30%

NISA

・近い将来用
・iDeCoの上限を超えたぶん

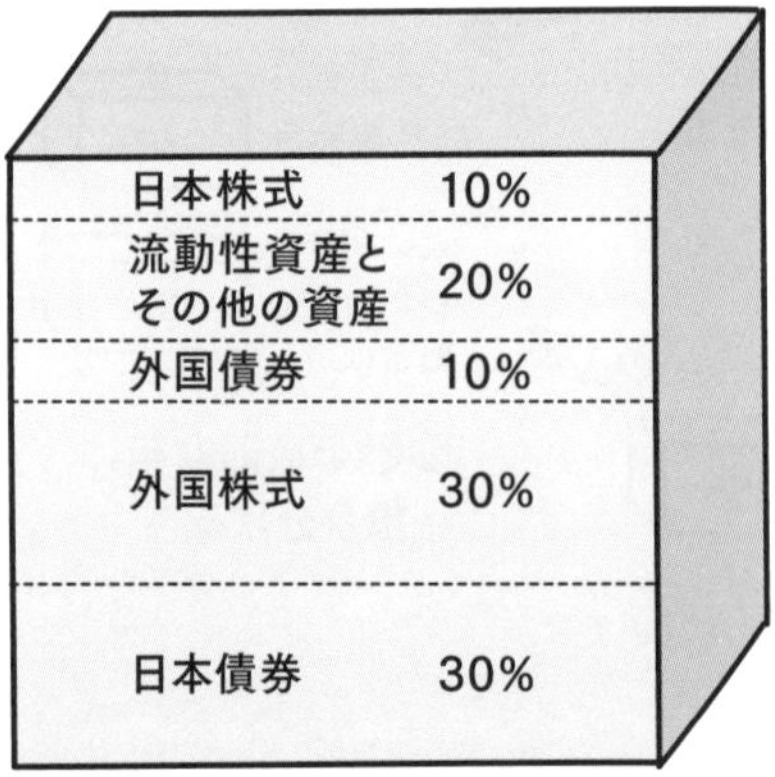

日本株式 10%
流動性資産とその他の資産 20%
外国債券 10%
外国株式 30%
日本債券 30%

一般口座・特定口座

・iDeCo、NISAの上限を超えたぶん

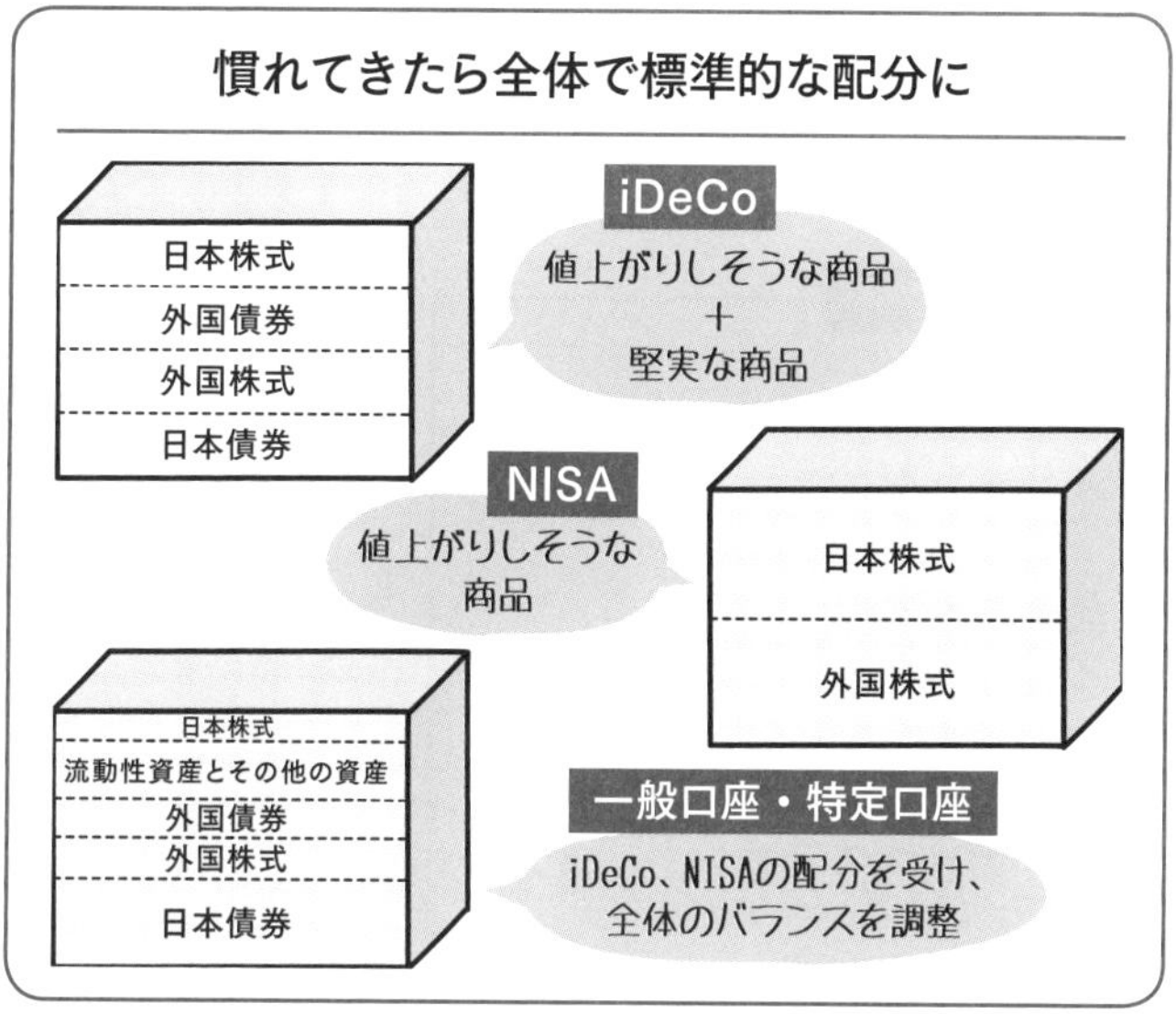
慣れてきたら全体で標準的な配分に
日本株式
外国債券
外国株式
日本債券
iDeCo
値上がりしそうな商品
＋
堅実な商品
NISA
値上がりしそうな商品
日本株式
外国株式
日本株式
流動性資産とその他の資産
外国債券
外国株式
日本債券
一般口座・特定口座
iDeCo、NISAの配分を受け、全体のバランスを調整

投資を始めてから慣れるまでは、すべての箱を同じアセットアロケーションにしておきましょう。

箱や商品の特徴を踏まえ、全体の資産の比率を考えながら振り分けるのは大変ですし、すべての箱を同じ比率で配分しておけば、同じように値動きするので安心です。

そして慣れてきたら、ＮＩＳＡに最も値上がりしそうな商品を配分するなど、箱ごとではなく、全体の合計額で標準的な配分比率を目指しましょう。

CHECK !

NISAに配分するとよいのは?

NISAの利用法としては、**低コストのインデックスファンドを毎月積み立てていく**のが最も賢明な方法です。

毎月の積立例

- 日本株式の
  インデックスファンド　3万円
- 先進国株式の
  インデックスファンド　4万円
- 新興国株式の
  インデックスファンド　3万円

世界全体に
幅広く投資した
株式のポートフォリオを
作ることができる!

29

お金を増やしていく仕組みを知る

資産運用は3段ロケットで考える

- ▼投資金額が大きくなると、選択肢が広がり、コストも下げられるようになる
- ▼運用方法は資産金額によって3段階の方法で考えるとよい
- ▼資産が増えたらインデックスファンドの代替商品を検討していく

☑お金のある人が、よりお金持ちになる理由

ゼロから投資を始める場合、まずは小さな金額からスタートして、1年程度の時間をかけて徐々に投資金額を大きくしていきます。そして、まとまった金額の金融資産になったら、新しい投資商品を検討していくのです。

投資には**規模の経済**が働きます。まとまった金融資産を持ち、**投資金額が大きくなったからこそアクセスできる投資商品が出てきます。**

資産がまとまった金額になったら

アクセスできる
商品が増える
同じ商品でも
コストが下がる
イイコト
ばっか
より資産を増やせる
可能性が高まる

また、同じ投資対象であっても、コストを下げることが可能になります。

お金がある人はそのお金を使って、さらにさまざまな投資機会を活用して資産を増やしているのです。

資産規模とともに投資の選択肢が広がり、その中から自分で投資対象を決めていくことができるのです。

このように、**お金のある人には投資のオポチュニティ（機会）が広がり、資産を増やせる可能性が高まります。**

☑ 資産運用は3段ロケットで考える

運用方法には3段階あります。

まずは、PART4までで説明した初心者

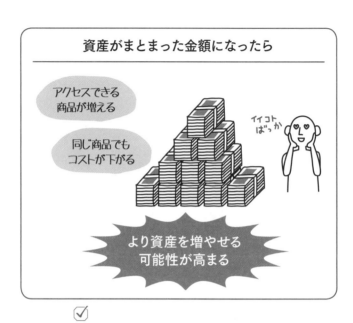

慣れるまでは、すべての箱を同じアセットアロケーションに

①はじめにやるべき
運用方法
(1万〜100万円未満)
インデックス
ファンド
積立で資産を
積み上げる
②ある程度の資産額に
到達したら
やるべき運用方法
(100万〜1000万円未満)
国債、ETF、
REIT、外債、FX
など…
③資産額が
大きくなったら
やるべき運用方法
(1000万円以上)
実物資産
(不動産など)の
組み入れを
検討してみる

インデックスファンドの代替商品

代替商品リスト

日本株式のインデックスファンド	➡	●日本株式　●ETF
日本債券のインデックスファンド	➡	●日本国債
外国株式のインデックスファンド	➡	●外国株式　●海外ETF
外国債券のインデックスファンド	➡	●外国債券　●FX
REITのインデックスファンド	➡	●REIT

がはじめにやるべき運用方法です。**低コストのインデックスファンドを組み合わせて分散させ、積立で資産を積み上げていく**――これが1段めのロケットです。

そして、ある程度の資産額に到達したら、**インデックスファンドに代替する商品へのスイッチを検討する**――これが2段めのロケットです。

さらに資産金額が大きくなったら、不動産などの実物資産の組み入れを検討してみるとよいでしょう。

さらなる資産の分散を進めていく――これが3段めのロケットです。

インデックスファンドに代わる金融商品とは？

2段めのロケットとして、投資信託以外に活用すべき商品としては、**日本株式、日本国債、外国債券、ETF、REIT、FX（外国為替証拠金取引）**などがあります。

また、国内の証券会社だけではなく、**海外の証券口座**を開設することも検討できます。

228ページからは、投資信託以外のこれらの金融商品について説明していきます。リターンやリスク、難易度などは、あくまで私個人の評価によるものです。

CHECK !

資産全体の為替リスクの管理

極端な円高を予想するのでなければ、**資産全体の外貨の比率は50％が基本**です。

しかし、海外不動産投資をはじめとする外貨建ての実物資産の比率が高くなってくると、資産全体に対する外貨の比率が高くなります。

そこで、全体の外貨のリスクを少し抑えたいと思ったら、ＦＸを使って為替ヘッジを行うことを考えます。

為替リスクに関しても、**日々の生活で不安を感じない比率にしておくことが大切**なのです。

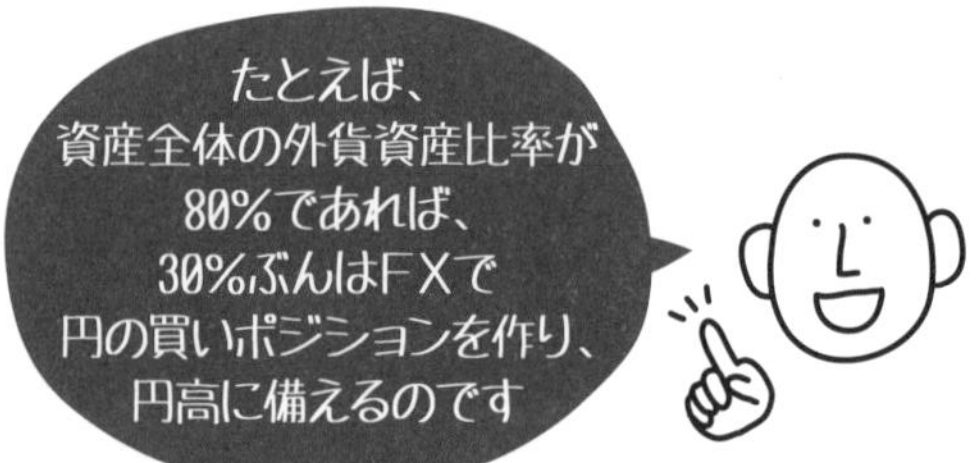
たとえば、
資産全体の外貨資産比率が
80%であれば、
30%ぶんはFXで
円の買いポジションを作り、
円高に備えるのです

30

お金を増やしていく仕組みを知る

資産1000万円までの金額別運用ガイド

▼1000万円未満の場合、資産の配分比率や運用方法の基本は同じ
▼資産額が100万円になったら、コストを比較してETFも検討する
▼資産額が500万円になったら、アクティブファンドも検討できる

1000万円までは金融資産で積立をする

まずは、資産額が1000万円未満の場合を考えてみます。基本的には資産が1000万円未満の場合、今持っている資産とこれから積立していく資産を合わせて投資していくことになります。

投資の方法は、インデックスファンドを使って、金融資産（現金や株券など紙の資産・ペーパーアセット）に分散投資をしていきます。

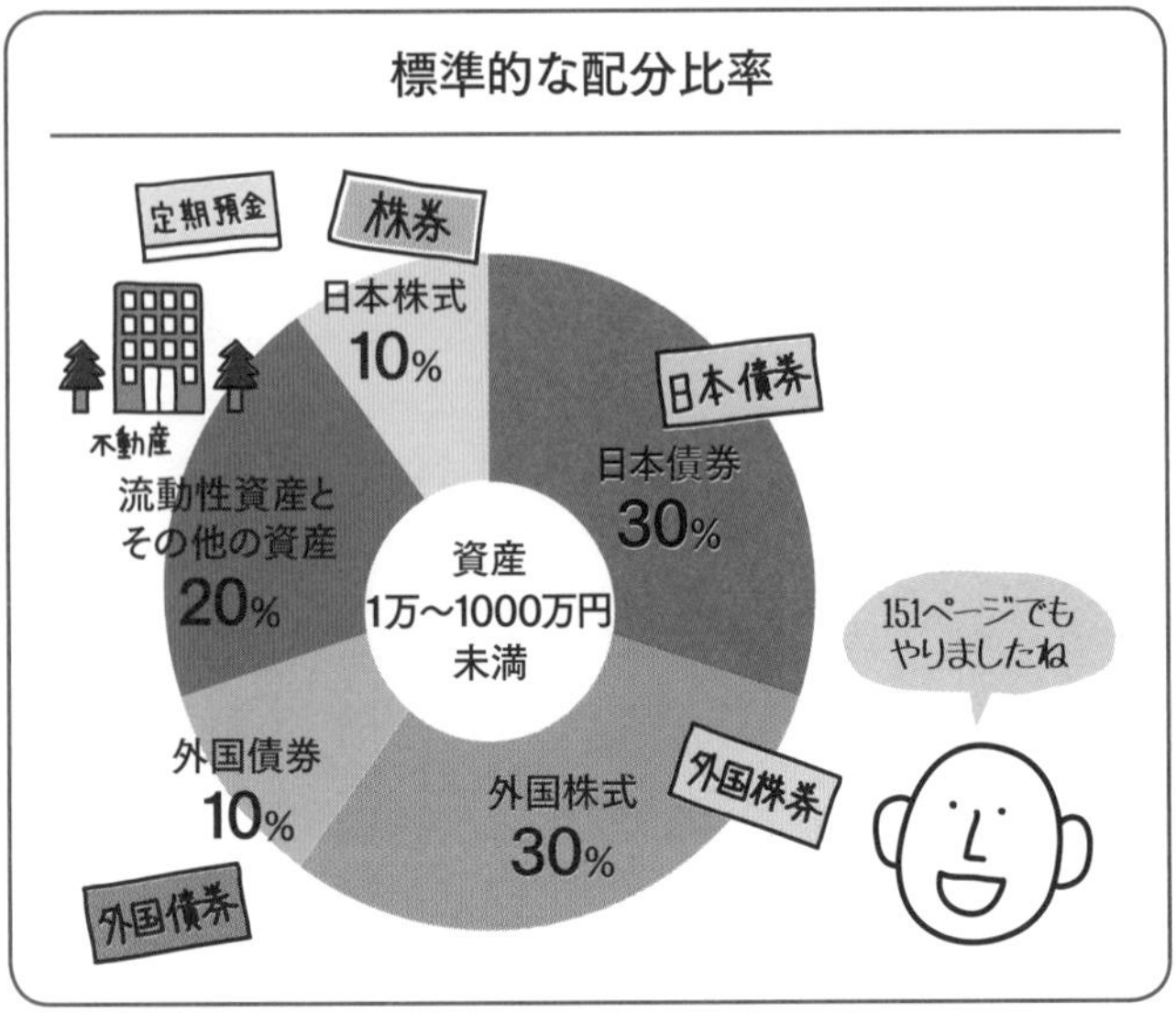
標準的な配分比率
定期預金
株券
日本株式
10%
日本債券
日本債券
30%
不動産
流動性資産とその他の資産
20%
資産
1万〜1000万円
未満
外国債券
10%
外国株式
30%
外国株券
外国債券
151ページでもやりましたね

資産配分の比率を決めたら、それぞれの資産に対応したインデックスファンドを組み入れていきましょう。

標準的な配分比率は、

- 日本株式 10%
- 日本債券 30%
- 外国株式 30%
- 外国債券 10%
- 流動性資産とその他の資産 20%

です。3カ月に1度モニタリングしながら、この比率を維持していきます。

資産100万円の場合の配分比率と運用方法は？

1万円の場合の具体的な振り分けは、152

100万円の資産運用例

	アセットクラス	比率	金額	商品名
金融資産	日本株式	10%	10万円	eMAXIS Slim 国内株式（TOPIX）
	日本債券	30%	30万円	eMAXIS Slim 国内債券インデックス
	外国株式	30%	15万円	eMAXIS Slim 先進国株式インデックス
			15万円	eMAXIS Slim 新興国株式インデックス
	外国債券	10%	5万円	eMAXIS Slim 先進国債券インデックス
			5万円	eMAXIS 新興国債券インデックス
	流動性資産	10%	10万円	MRF
	その他の資産	10%	10万円	eMAXIS 先進国リートインデックス

●外貨資産比率……50%

10年後の想定資産額 約162万9000円
20年後の想定資産額 約265万3000円
（年平均5%の利回りで計算）

ページでお話ししましたね。次に、運用金額が100万円の場合をお話ししましょう。

100万円になっても、配分の比率や運用方法の基本は1万円のときと変わりません。

インデックスファンドを組み入れるのが基本になりますが、日本株式に関しては、ETF（237ページ）を組み入れることも可能です。ETFもインデックス運用なので、リターンはインデックスファンドとほぼ同じになります。

選択の基準はコストです。売買手数料や信託報酬を比較して、低コストになる商品を選択しましょう。

資産500万円の場合の配分比率と運用方法は？

運用金額が500万円に増えても、資産配分の比率や運用方法を変える必要はありません。**1万円、100万円のときと同じように、インデックスファンドを使った分散投資が基本です。**

その中で、**組み入れ商品を変えていくことで、さらにリターンの向上を目指していきます。**

たとえばインデックスファンドを一部アクティブ運用に変更してみるといった選択肢を検討してみるのもよいと思います。

500万円の資産運用例

	アセットクラス	比率	金額	商品名
金融資産	日本株式	10%	50万円	eMAXIS Slim 国内株式（TOPIX）
	日本債券	30%	150万円	eMAXIS Slim 国内債券インデックス
	外国株式	30%	75万円	eMAXIS Slim 先進国株式インデックス
			75万円	eMAXIS Slim 新興国株式インデックス
	外国債券	10%	25万円	eMAXIS Slim 先進国債券インデックス
			25万円	eMAXIS 新興国債券インデックス
	流動性資産	10%	50万円	MRF
	その他の資産	10%	50万円	eMAXIS 先進国リートインデックス

●外貨資産比率……50%

10年後の想定資産額 約810万円
20年後の想定資産額 約1320万円
（年平均5%の利回りで計算）

コストが低くなるなら切り替える

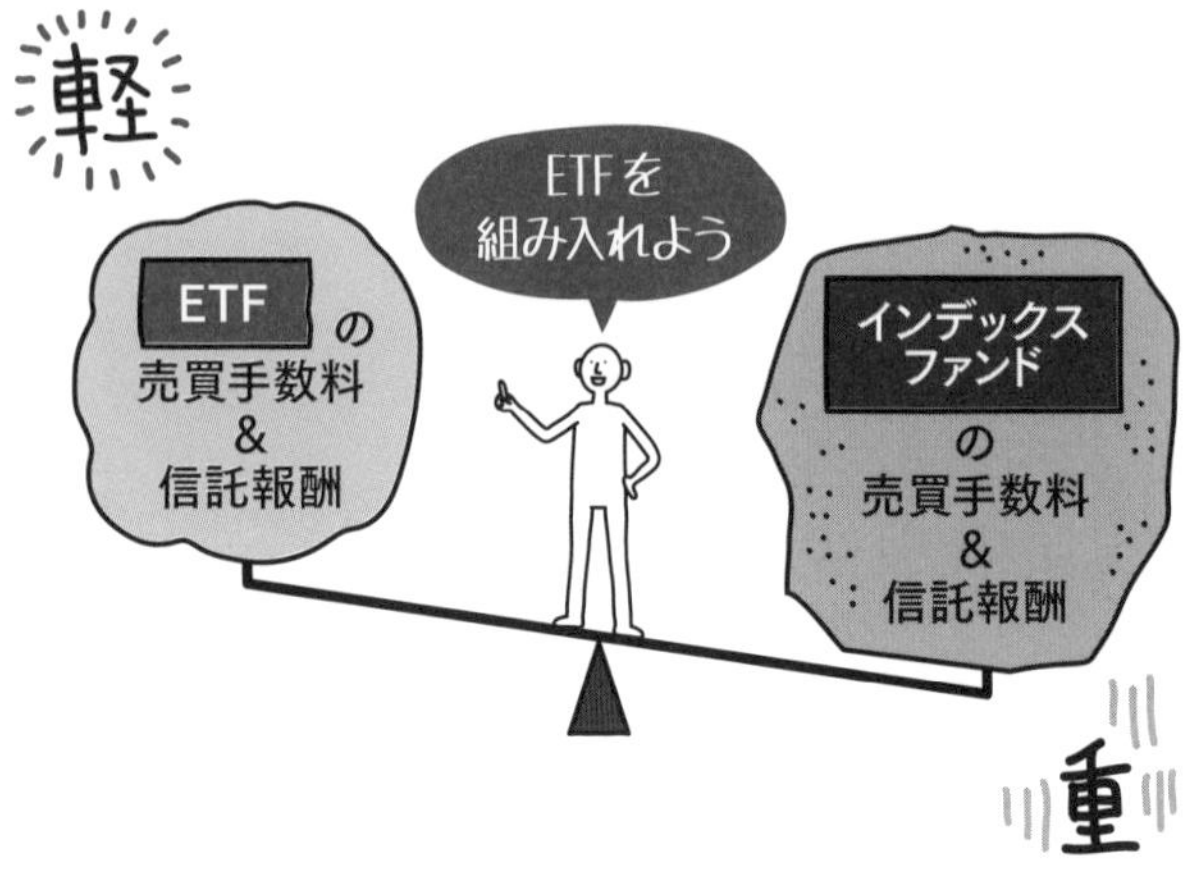
軽
ETFを
組み入れよう
ETFの
売買手数料
&
信託報酬
インデックス
ファンドの
売買手数料
&
信託報酬
重

ただし、**アクティブファンドを活用する場合は、コストを必ず確認しましょう。**商品によっては、インデックスファンドに比べて年間で1％以上信託報酬が高いものもあります。10年運用すれば10％もの差になり、それを上回る運用実績を出せるファンドは限られてきます。

また、ETFを活用するのもよいでしょう。ETFは日本株式以外にも、日本を除く先進国の株式のインデックスや新興国の株式のインデックスに連動するものなどがあります。コストを比較して活用を検討しましょう。

CHECK !

いろいろあるインデックスファンドシリーズ

大手ネット証券では、最低100円から投資信託を購入できるところもあり、1万円の投資資金でも充分に分散されたポートフォリオを構築することができます。

例として137ページで、三菱UFJ国際投信が設定・運用するeMAXISシリーズを挙げました。

それ以外にも、三井住友トラスト・アセットマネジメントのSMTインデックスシリーズや、ニッセイアセットマネジメントのインデックスファンドなど、各社が競合商品を出して、コスト競争をしています。

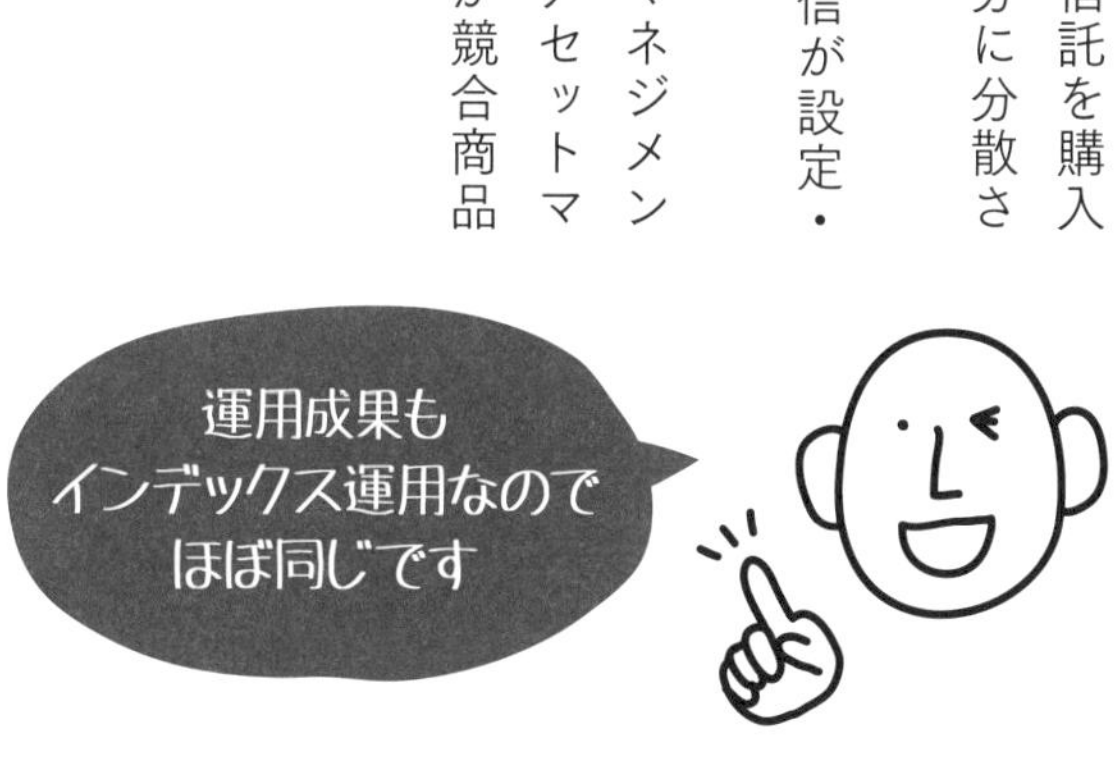
運用成果も
インデックス運用なので
ほぼ同じです

31

お金を増やしていく
仕組みを知る

資産1000万円以上の運用ガイド

▼資産額が増えるに従って、よりコストがかからない運用方法にする
▼ETFや個人向け国債など積立できない商品も活用していく
▼海外口座の開設や資産の10％を上限に現物投資などを検討してみるとよい

☑資産1000万円の場合の配分比率と運用方法は？

運用金額が1000万円と大きくなってきたら、インデックスファンドの代わりに別の商品を入れて、**さらにコストを下げた資産運用を検討**していきます。

左の表は1000万円の配分例ですが、**運用資産が1万円や100万円、500万円のときと配分比率はほとんど変わりません。**ただし、投資できる金額が大きくなったぶん、組み入れる商品を変えています。

資産をより確実なものにする
1000万円以上の
資産を持ったら…
投資対象を
インデックス
ファンド
以外からも選ぶ
ETF
債券
海外の
証券会社に
口座開設を
検討してみる
実物資産を
検討してみる
金
不動産
コストを
下げる
さらなる
資産の分散

まとまった資産だからこそ活用する商品

たとえば、日本株はインデックスファンドの代わりにＴＯＰＩＸに連動するＥＴＦを使います。ＥＴＦは積立ができませんし、株式と同じように売買手数料がかかりますから、少額で購入するとインデックスファンドに比べてコスト面で不利になってしまいます。

しかし、**信託報酬が低く、まとまった金額を長期で投資する場合には活用すべき商品です。**

日本債券はインデックスファンドの代わりに個人向け国債（10年・変動）を組み入れています。国債も積立することはできません。また、募集期間が決まっているので、いつでも好きなときに買えるわけではありません。

しかし、**変動金利型の国債を購入することで、インデックスファンドに比べ、金利上昇時にダメージを受けにくい資産構造にすることができます。**

海外の証券会社での口座開設も要検討

外国株式は、先進国の株式の運用に海外ＥＴＦを使っています。

1000万円の資産運用例

	アセットクラス	比率	金額	商品名
金融資産	日本株式	10%	100万円	TOPIX 連動型ETF
	日本債券	30%	300万円	個人向け国債 10年・変動
	外国株式	30%	150万円	海外ETF（TOK）
			150万円	eMAXIS Slim 新興国株式 インデックス
	外国債券	10%	50万円	eMAXIS Slim 先進国債券 インデックス
			50万円	eMAXIS 新興国債券 インデックス
	流動性資産	0%	0円	
	その他の資産	10%	100万円	eMAXIS 先進国リート インデックス
実物資産	その他の資産	10%	100万円	現物投資 （不動産・貴金属など）

唯一、ここと ここの比率が1万～1000万円未満とは違っていますね

●外貨資産比率……リアルアセットの商品によって、50～60%

年平均5%の利回りで運用していくと仮定すると、今の1000万円は
10年後には約1629万円、
20年後には約2653万円になります

米国の証券会社に口座開設すれば、直接ドルから海外ＥＴＦを購入でき、売買手数料も引き下げることができます。

ただし、海外口座の維持には手間がかかりますから、ある程度の資産金額になってから始めればよいでしょう。

その他の資産には現物投資を１００万円組み入れています。現物投資は、株式や投資信託といった証券投資とは違ったリスクがあります。

また銘柄選択は、よく研究を行い、専門家のアドバイスも必要です。**投資金額も10％程度までに制限した上で、ひとつの方法としてチャレンジしてみるとよい**でしょう。

CHECK !

ゼロ金利、マイナス金利時代の資産運用

日銀が導入を決めたマイナス金利政策。私たちの預金金利がマイナスになるわけではありませんが、**資産運用には今までの常識を変えていく柔軟性が求められます**。

２０１２年にマイナス金利を導入したデンマークでは、住宅ローン金利の急低下と、それに伴う住宅ブームが起こりました。

金融資産を使った長期分散投資もひとつの方法ですが、より積極的にリスクを取る人には**ローンを使った実物資産投資という選択肢も検討の余地が出てきた**ということです。

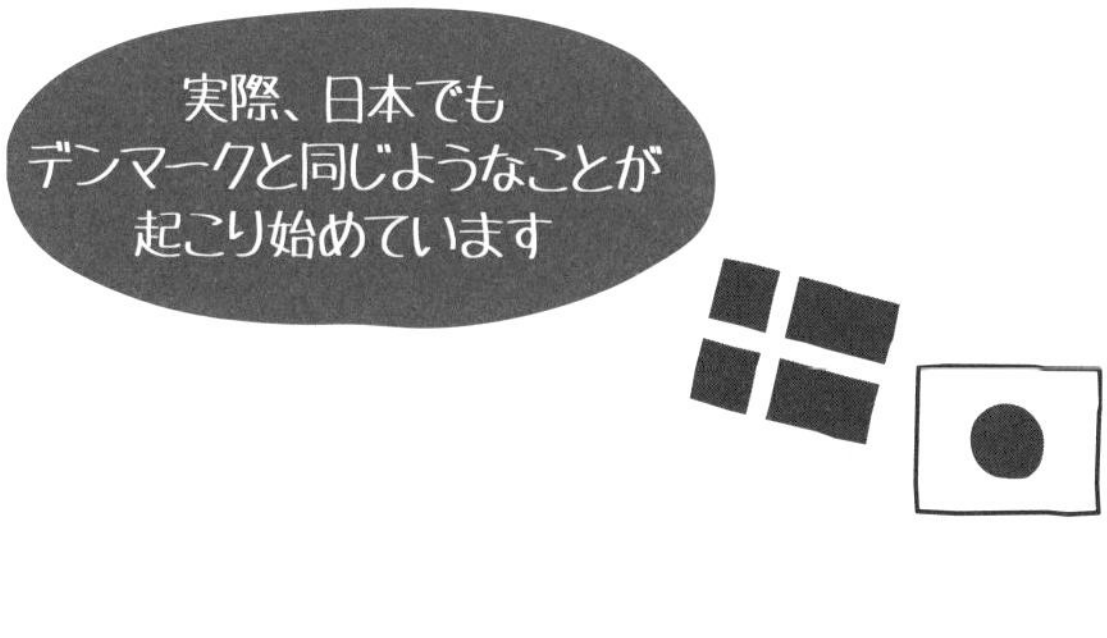
実際、日本でも
デンマークと同じようなことが
起こり始めています

資産運用を始める前のチェック❺

✓CHECK 1 箱を使う理想的な順番は？

A NISA→一般口座・特定口座→iDeCo

B iDeco→NISA→一般口座・特定口座

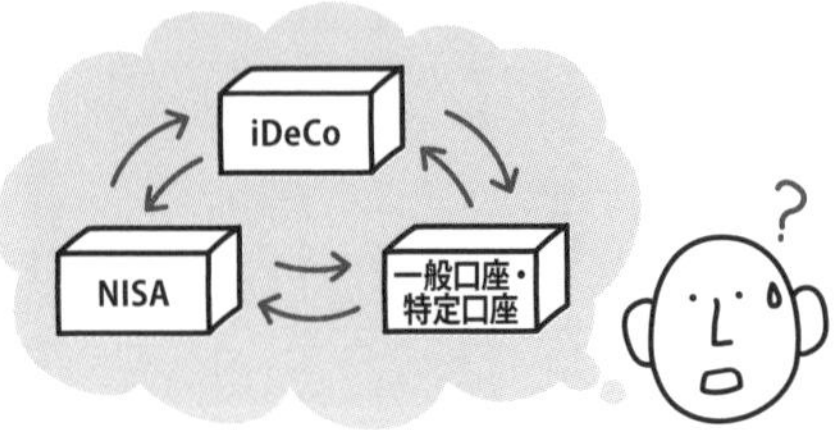

✓CHECK 2 老後資金を貯めるのに、
適している箱は？

A iDeCo

B つみたて NISA

答え 1=B（→180ページ） 2=A（→187ページ）

✓CHECK 3 両親と子ども２人の４人家族の場合、NISAを利用することで最大いくら非課税枠になる？

A 500万円

B 2,000万円

合計すると、最大で
の非課税枠
となります
なんと！

✓CHECK 4 投資を始めてから慣れるまでの配分比率はどうする？

A すべての箱を同じ比率で配分しておく

B 箱ごとに配分比率を変えていく

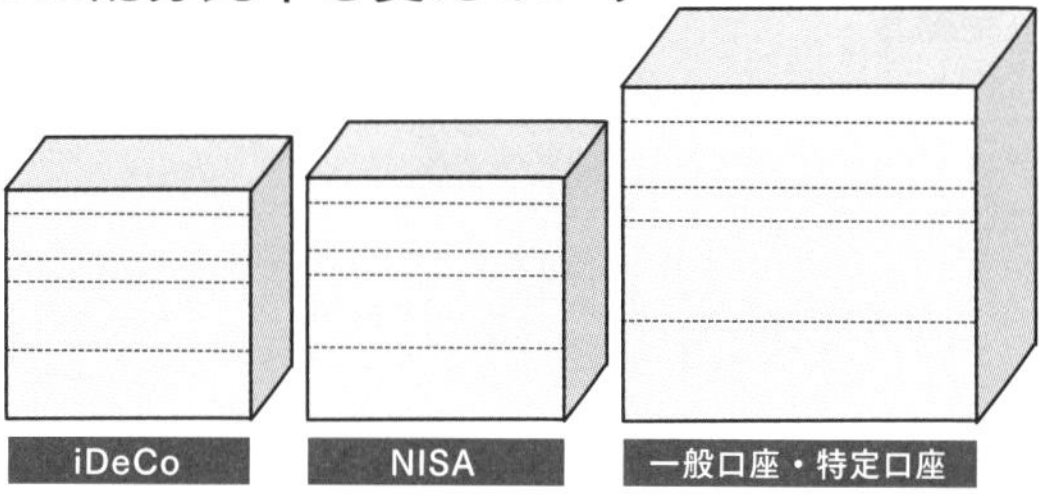
iDeCo
NISA
一般口座・特定口座

答え
3=B （→193ページ）
4=A （→199ページ）

✓CHECK 5　資産運用を3段階で考えるとき、
3段階めにすることは？

A　ETF などインデックスファンドに
代替する金融商品へのスイッチ

B　不動産など実物資産を
取り入れていく

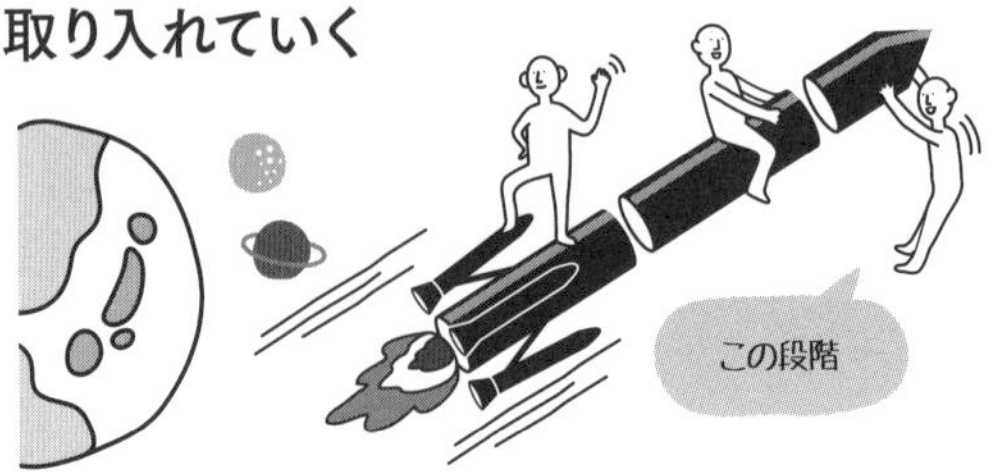
この段階

✓CHECK 6　インデックスファンドから、
ETFへ切り替える基準となるのは？

A　コストの低さ

B　リターンの大きさ

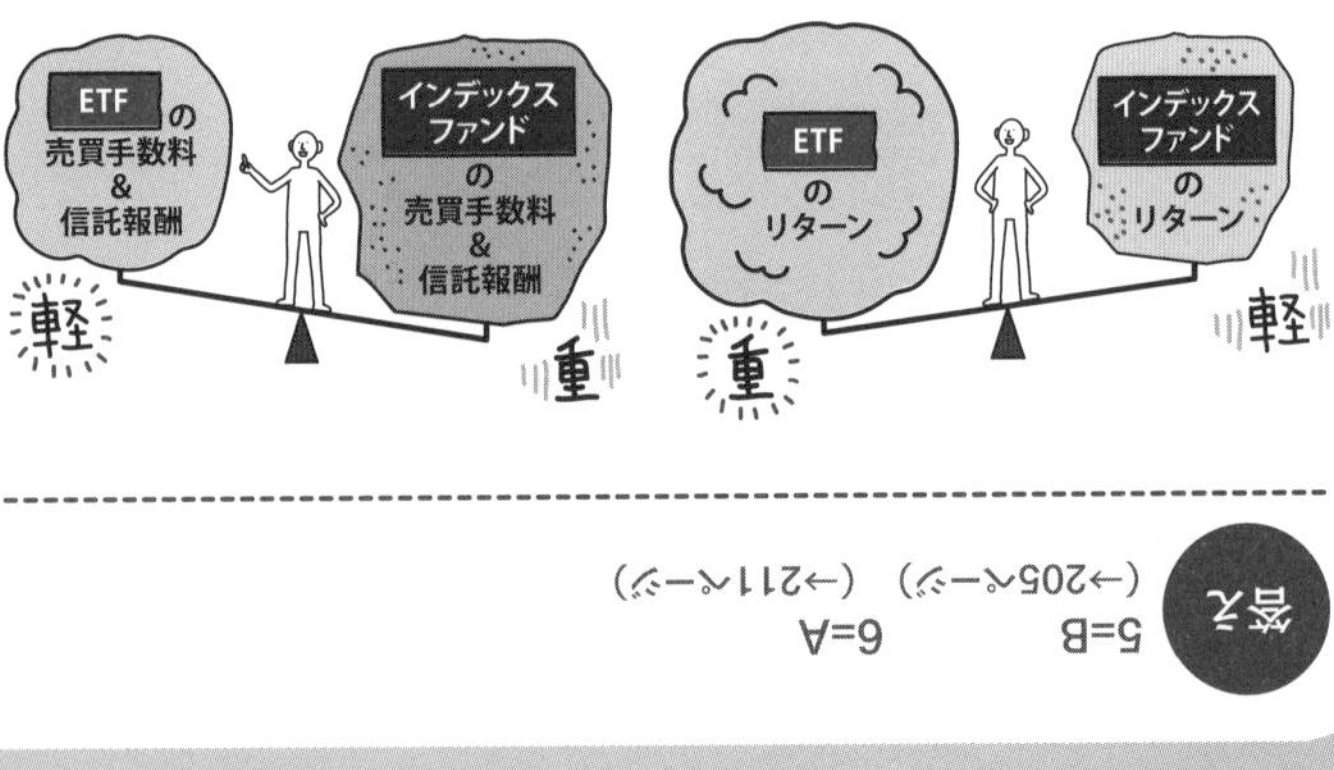
ETFの
売買手数料
&
信託報酬
軽
インデックスファンド
の
売買手数料
&
信託報酬
重
ETF
の
リターン
重
インデックスファンド
の
リターン
軽

答え
5=B（→205ページ）
6=A（→211ページ）

付録

投資信託以外の
さまざまな金融商品の
基礎知識

32

日本株式

日本株式のインデックスファンドの代替商品として

▼日本の企業が資金調達のために発行する証券
▼キャピタルゲインや配当金、株主優待などを得ることができる
▼投資するときは、楽しさを求めず、勉強と情報収集を欠かさない

リターン度
★★★

リスク度
★★★★

難易度
★★★

投資といえば一番に思い浮かぶ商品

日本株式とは、日本の企業が発行している株式のことです。個人投資家にとって、一番なじみのある投資対象でしょう。

そもそも株式とは、企業が事業展開のための必要な資金を得ようと発行する証券を指します。つまり、**株式を買うということは、企業に資金援助する行為**になります。

株式投資をして株主になると、権利を得ることができます。**最大のメリットとは、株価**

株式投資で気をつけること
❶楽しさを見出さない
NG
どの銘柄にしよう？
いつ買うといいかな？
わくわく
NG
日本株式必勝法
これやろう！
❷「○○必勝法」に飛びつかない
NG
お茶 ほっこう
いつも飲むお茶のメーカーにしよう
❸身近に感じる銘柄ばかり選ばない

の上昇によって得られるキャピタルゲイン（株式売却益）です。配当金や株主優待も、同様にうれしいメリットです。

株式投資は、大きなリターンを得る可能性を秘めていますが、そのように値上がりする銘柄を見つけることは容易ではありません。

また、個別銘柄は市場全体に比べ、変動が大きい傾向にあり、**投資先の選択を間違えると、取り返しのつかない大損失を受ける**可能性もあります。

☑日本株式を分析する代表的な2つの方法

①ファンダメンタルズ分析

財務情報などの数字から会社の資産や業績をチェックしたり、経営者に対する評価を調べ、投資する価値のある企業かどうかを判断する方法です。

②テクニカル分析

過去や現在の株価の動向や出来高の推移などから、今後の株価を予測する方法です。チャート分析ともいわれます。

33

日本国債

日本債券のインデックスファンドの代替商品として

▼元本割れすることがなく、安全性が高い
▼変動金利型を選べば金利上昇リスクをなくせる
▼毎月販売しているが、積み立てていくことはできない

リターン度
★

リスク度
★★

難易度
★★

ある程度の積立が貯まったら変動型の国債にシフト

国債とは、国が発行する債券のことです。その中で個人向けに販売されているのが、個人向け国債です。

個人向け国債は毎月発行されていて、1万円から購入できます。販売手数料はかかりません。元本は国が保証しています。

さまざまな期間のものがあり、金利には固定型（5年・3年）と変動型（10年）があり

ます。

変動型の国債は、市場の金利が上昇すると、それに連動する形で債券金利も上昇するので、受け取ることができる利息も増えます。現状の日本の金利はマイナス金利政策でほとんど0％です（2020年10月現在）。**今後の金利上昇リスクを考えれば、変動型を選択するほうがよい**でしょう。

また、解約に制限があり、最初の1年間は解約できません。2年め以降はいつでも解約できますが、「税引き後直近2回の利息相当分」のペナルティを支払わなければいけません。

変動型の国債で資産の安定をはかる

日本債券を資産に組み入れる理由は、リターンの追求ではなく資産の安定です。国内の金利上昇で価格が下がるリスクのあるインデックスファンドより、半年ごとに金利を見直し、金利上昇リスクのない変動金利型の個人向け国債のほうが資産を安定させるのに適しているといえます。

国債は毎月自動積立することができません。ですので、日本債券のインデックスファンドを積み立てて、**ある程度の金額になったら、国債購入に充てる「リレー投資」をしましょう。**

日本国債のリレー投資

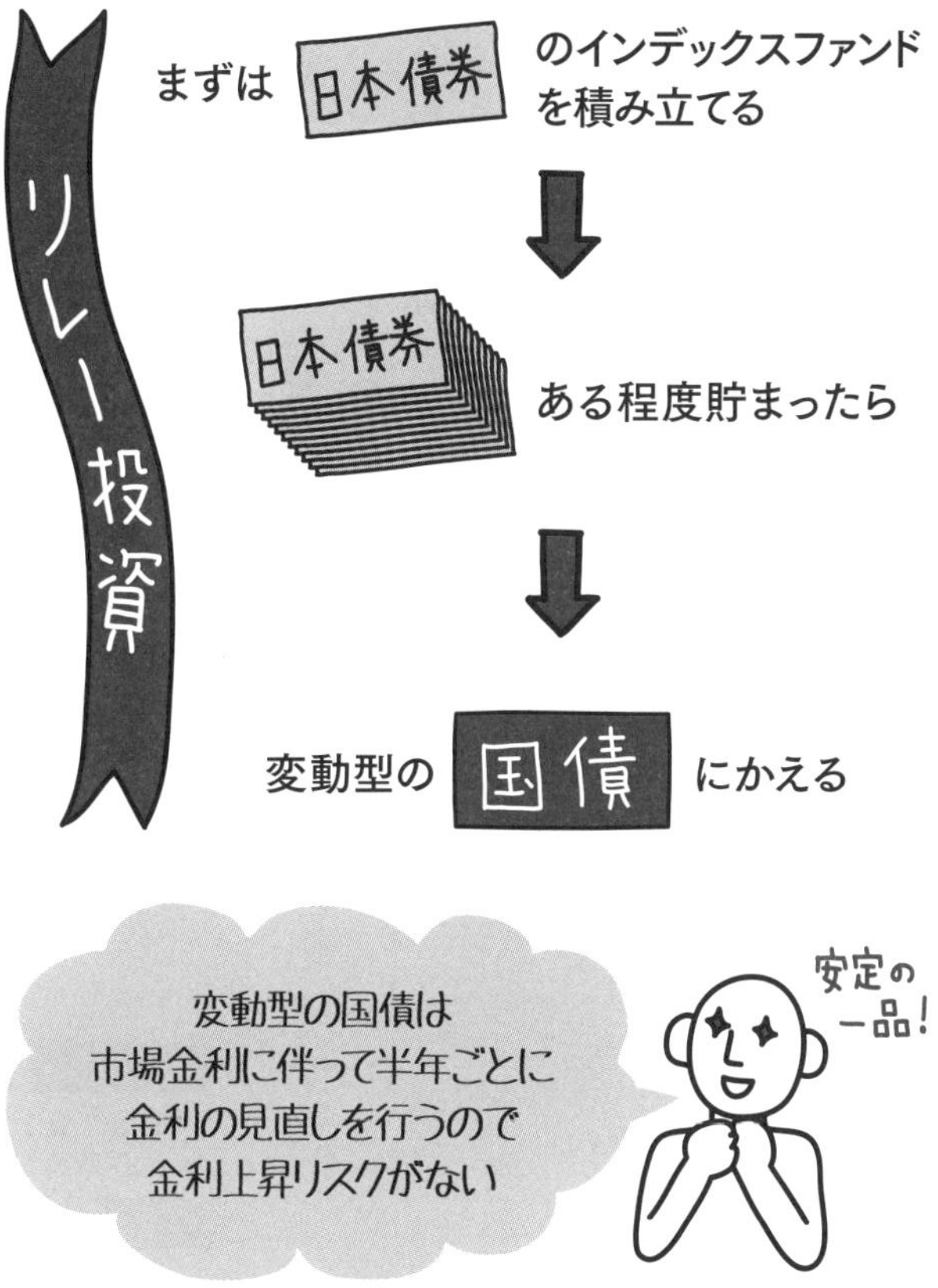
リレー投資
まずは 日本債券 のインデックスファンドを積み立てる
日本債券
ある程度貯まったら
変動型の 国債 にかえる
変動型の国債は
市場金利に伴って半年ごとに
金利の見直しを行うので
金利上昇リスクがない
安定の一品！

34

外国債券

外国債券ファンドの代替商品として

▼外貨での取引となるため、為替リスクが発生する
▼直接買えば、信託報酬はかからないが、通貨は分散されない
▼途中で売却すると、元本割れになる可能性がある

リターン度 ★★

リスク度 ★★★

難易度 ★★★

発生するお金のやり取りは外貨で行う

外国債券とは、**外貨建ての債券**のことです。外債とも呼ばれています。購入時の代金の支払い、利子や満期のときの元本の受け取りが外貨で行われます。

利子や償還金を日本円で受け取ることも可能ですが、受取金額はそのときの為替レートに左右されます。つまり、**為替リスクのある商品**です。

円安になると、日本円での受取額が増え、為替差益を得ることができますが、円高にな

円建て債券と外貨建て債券

	円建て債券	外貨建て債券
利子・償還金の受け取り	円	外貨
金利	外貨建てより低い	円建てより高い
為替リスク	ない	ある
信用リスク	ある	ある
流動性	途中で売却可能だが、元本割れの可能性あり	

外貨建て債券は
金利は高めでも
為替リスクがあります

ると、日本円での受取額が減り、為替差損が生じます。

☑直接購入する場合は注意点がいっぱい

外国債券を購入するときは発行体、通貨、期間を確認する必要があります。債券には信用リスクがありますから、投資する前に、発行体の格付けなども確認しておきましょう。**最上級の格付けであるＡＡＡ（トリプルＡ）の債券を選ぶ**のが基本です。

通常は固定金利で発行されますので、受け取る金利は満期まで確定しています。

債券は、満期まで保有すれば元本と金利を受け取ることができます。しかし、**債券を途中で売却する場合には、市場金利の状況によっては、元本割れになる**場合があります。

通常は**期間の長い債券のほうが利回りがよく、金利が多くなりますが、価格の変動も大きくなる**ので注意が必要です。

金額は為替レートによっても変わり、また、新規に発行される債券は募集時期が決まっています。既発債と呼ばれるすでに流通している債券を購入する方法もありますが、市場の環境によっては買えない場合もあります。投資信託に比べると利便性では劣るといえます。

35

ETF

日本株式のインデックスファンドの代替商品として

▼証券取引所に上場している株式のような投資信託
▼インデックスファンドより保有コストが低い
▼口数での買付となり、定額で毎月積み立てることはできない

リターン度 ★★★
リスク度 ★★★★
難易度 ★★★

☑ETFは株式のような投資信託

ETF（株価指数連動型上場投資信託）は、証券取引所に上場している投資信託です。PART4まででで説明した普通の投資信託は上場しておらず、価格（基準価額）も1日に1回だけしか算出されません。

しかし、**ETFは株式と同じようにリアルタイムで価格が変わり、取引することが可能**です。投資信託なのに上場しており、株式と同じように取引できる商品と考えればわかり

やすいでしょう。

☑ETFの購入価格は日々変動する

連動するインデックスが同じであれば、投資信託とETFは似たような運用成果になります。大きな違いはというと、**ETFは口数での買付となり、金額を固定して購入できない**ということです。

たとえば日経平均2万円のとき、ETFの最低購入金額も2万円となります。そして、マーケットが上昇すれば、購入金額も上昇します。つまり、購入金額はそのときどきで違うので、定額での買付ができないのです。積立も利用できません。

逆に、ETFのメリットはというと、**投資信託より信託報酬が低く、全体的に低コスト**であることです。

ETFは積立していくには向いていませんが、長期で保有するにはコストが低く、優れた商品といえます。

ETFへの移行方法は、日本国債のときと同様、**「リレー投資」**です。インデックスファンドからETFに移すタイミングは、コストを計算することでわかります。

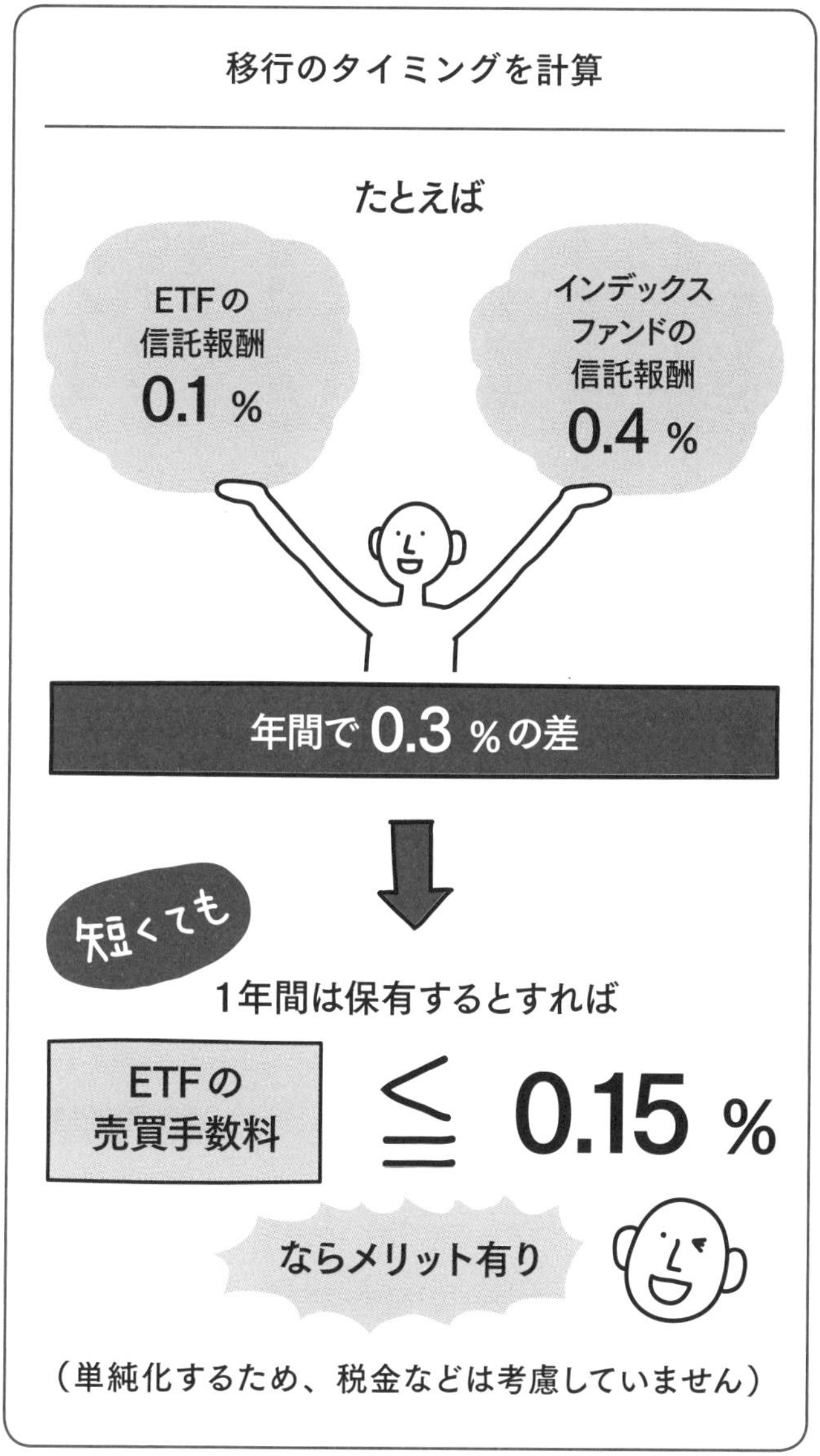
移行のタイミングを計算
たとえば
ETFの
信託報酬
0.1 %
インデックス
ファンドの
信託報酬
0.4 %
年間で 0.3 %の差
短くても
1年間は保有するとすれば
ETFの
売買手数料
≦ 0.15 %
ならメリット有り
（単純化するため、税金などは考慮していません）

36

海外ETF

外国株式のインデックスファンドの代替商品として

▼海外の証券取引所に上場している投資信託
▼インデックスファンドより商品バリエーションが豊富
▼数百万円単位で海外ETFを購入する場合は、海外口座の開設を検討する

リターン度
★★★★

リスク度
★★★★★

難易度
★★★★★

ETFの海外版

海外ETF（海外株価指数連動型上場投資信託）とは、外国株式と同じように海外の証券取引所に上場し、海外の証券取引所で売買されている投資信託です。国内のETFと基本的な仕組みは同じです。海外ETFは国内投資信託に比べ、**信託報酬が低いことが多く、外国株式に低コストで投資を行うことができます。**

商品数の拡大に伴い投資対象が広いというメリットもあり、最近は外国株式だけではな

海外口座のメリット

❶為替取引が便利

海外のほとんどの証券会社はマルチカレンシー口座

ex. 香港のブーム証券

米ドル、香港ドル、人民元、
シンガポールドル、オーストラリアドル、
日本円の6つの通貨アカウントを
持つことができる

❷取引コストが低い

ex. 米ドルの海外ETFを購入する場合

	日本の証券会社	海外の証券会社
為替手数料	1ドルにつき 25銭	米ドル口座が あるのでかからない
売買手数料	最も安くて 5ドル（約625円）	1ドル程度

く外国債券、商品などを対象とする海外ＥＴＦもあります。

一方で、**海外ＥＴＦは売買時に売買手数料と為替手数料がかかるので、少額で行うと手数料率がかなり高くなる**ケースがあります。定額購入ができませんから、ドルコスト平均法を使った積立もできません。

購入単位が大きく英語もできる人は海外口座を開設する

数百万円単位のまとまった金額を海外ＥＴＦに投資する場合は、「海外口座」を通じて購入するほうがよいでしょう。海外の証券会社への口座開設は、英語でのコミュニケーションに問題のないこと、ある程度の取引金額が想定されていて、手間をかけてでも低コストのメリットを享受したほうがよい水準であることが前提となります。

海外の証券会社にあえて口座を開くメリットの1つは、**為替取引の利便性**です。

海外のほとんどの証券会社の口座は、複数の通貨アカウントを同時に持つことができるマルチカレンシー口座です。

そして、もう1つのメリットは、**取引コスト**です。海外のネット証券会社のほうが低コストで取引ができます。

37

REIT

REITのインデックスファンドの代替商品として

▼不動産に少額で分散投資ができる
▼上場しているため、流動性が高い
▼株式や債券などとは性質が違うので、資産全体の分散投資になる

リターン度
★★★

リスク度
★★★★

難易度
★★★

☑資産全体のリスクを分散できる

REIT（上場不動産投資信託）は、不動産に投資する、上場している投資信託です。投資家の資金と金融機関から借り入れた資金を合わせて、投資法人がマンションやオフィスビルなどの不動産を購入し、そこからテナント料や賃料などの利益を得る仕組みです。投資家は値上がり益や分配金を受け取ることができます。

実物不動産投資とは異なり、REITは、数万円という少額から投資をすることが可能です。

複数の不動産に投資するためリスクも分散され、また管理を自分でする必要がないぶん、手間がかかりません。株式と同じように、証券取引所に上場しており、売却するとすぐに資金化できるという流動性もあります。

投資対象はオフィスビルや居住用建物といった不動産なので、**株式や債券などとは異なる価格変動となり、資産全体のリスクを分散させるという意味では有効な商品**といえます。

☑REITのインデックスファンドからの「リレー投資」

REITのインデックスファンドは、毎月の積立ができ、REIT全体の値動きに連動した投資成果が得られるというメリットがあります。

しかし、管理コストに加え、信託報酬がかかってきますから、REITを直接購入する場合に比べ、利回りが低下するというデメリットがあります。

つまり、REITを直接購入すれば、コストをそのぶん削減できるということです。**積立でREITのインデックスファンドに投資をして100万円程度に到達したら、複数の銘柄を自分で選択し、REITを直接購入するとよい**でしょう。

REIT と現物不動産投資の違い

REITは、不動産に小口で
分散投資することができる!

	REIT	現物不動産
投資金額	小 (数万円~)	大 (数百万円~)
リスクの分散	できる	難しい
物件の管理	しなくてよい	しなければならない
流動性	高い	低い
レバレッジ	低い	高い (フルローンの場合も)
投資対象	オフィスビル、ホテル 居住用の建物など	主に 居住用建物

38

ＦＸ

外国債券の代替商品として

▼レバレッジによって少額で大きなリスクが取れる
▼為替取引商品なので、円安、円高に左右される
▼リスクコントロールが重要

リターン度
★★★

リスク度
★★★★★

難易度
★★★★★

最大の特徴はレバレッジ

ＦＸ（外国為替証拠金取引）は株式の信用取引と同じように、少ない資金で大きな取引を行うことができる商品です。このような取引のことを「レバレッジ取引」といいます。

たとえば、10万円で米ドルの外貨預金をしようとすると、８００米ドル（１米ドル＝１２５円換算）の預金となります（為替手数料は考慮していません）。一方、ＦＸで米ドルに10万円投資しようとすると、レバレッジが10倍の場合、８０００米ドルの投資をする

スワップポイントとは？

金利の異なる2つの通貨を売買したときに発生する2通貨間の金利差調整ぶん

ex. 0.1%の金利の日本円で、
5%の金利のオーストラリアドルを
1万通貨ぶん購入した場合

金利差は5%-0.1%=4.9%

4.9%は年ベースなので、
これを日割りしたものが
スワップポイントとして毎日得られます。

（為替レートが1豪ドル＝85円とすると
4.9%×85円×1万通貨÷365≒114
1日 114円受け取ることができます）

ことができます。

つまり、FXなら同じ資金で、10倍のリスクを取ることができるのです。しかし、**レバレッジが高ければ少ない資金で効率的に投資ができますが、リスクも高くなります。**マーケットの変動によって大きな損失を被る可能性も高まるのです。

☑ FXの3つの活用方法

1つ目は、**短期の値動きから利益を得る**方法。FXは売りからも買いからも取引でき、円安、円高どちらの局面でも利益を出すことが可能です。

2つ目は、**外貨の買いポジションを作り長期で保有する**方法。円に比べ、外貨の金利が高い場合、外貨の買いのポジションを保有していると金利差分としてスワップポイントを受け取ることができます。円安になれば為替差益が狙えますから、スワップポイントが得られなくても、外貨ポジションの保有方法のひとつとして検討する価値はあります。

3つ目は、**保有している外貨ポジションのヘッジに使う**方法。FXで外貨の売りのポジションを保有すれば、円高になったときに、保有している外貨資産に為替差損が発生するのを相殺することができます。

39

その他の資産

コモディティ

▼投資の対象は、貴金属、穀物、エネルギーなど
▼商品の特性上、個人投資家には非常に難しい投資商品である
▼資産額が1000万円未満の場合、活用しなくていい

リターン度
★★★

リスク度
★★★★

難易度
★★★★★

☑主に先物市場で取引される実物資産

コモディティ（Commodity）とは、実物資産の1つで、商品のことを指します。6つのグループの資産分類の中では、「その他の資産」に分類されます。

個人投資家には、**金（ゴールド）や原油**などがなじみのある商品ですが、それ以外にも**エネルギー、穀物、畜産物、産業用金属、貴金属**など多様な種類に分かれます。

主に、将来の価格を現時点で取り決めて取引をする**先物市場で売買されており**、商品そ

のものの価値が裏付けとなっています。

国や企業の信用力をバックにした債券や株に不安を感じる投資家にとっては、現物の裏付けがあるという点では安心できる商品かもしれません。

しかし、個人投資家がコモディティへ投資するのは、非常に難しい点があります。

☑投資のタイミングがわからない

まず問題として挙げられるのはコモディティの商品特性です。

コモディティは株式や債券のように、保有していても配当や金利を生み出したりしません。**価格の上昇によってしか利益を得ることができない商品**なのです。

また、価格の変動要因が個人投資家にはわかりにくく、**投資のタイミングを見つけるのは簡単ではありません。**

さらに、**投資対象として、適切な金融商品を見つけることが大変難しい**のです。価格は、需要と供給によって決まるので、大きなリスクも伴います。

資産1000万円未満の間は、インデックスファンドなどの金融資産で運用し、コモディティ投資は考えなくてよいでしょう。

コモディティの種類

種類	商品例	特徴
エネルギー	原油、 天然ガスなど	地下に埋蔵しており 採掘には資金が必要。 産出地域に偏りがあり、 産出国は限定される。
農作物 穀物	米、小麦、大豆、 とうもろこし、綿花、 砂糖、コーヒー、 カカオ、天然ゴムなど	収穫高と価格は 気象条件に 左右されやすい。
畜産物	牛、豚、 鶏、牛乳など	家畜伝染病などの影響を 受けやすい。
産業用 金属	鉄鉱石、銅、 ニッケル、 アルミニウム、 亜鉛など	地下に埋蔵しており 採掘には資金が必要。 産出国が限定的。 稀少金属もある。
貴金属	金、銀、プラチナ、 ダイヤモンドなど	地下に埋蔵しており 採掘には資金が必要。 産出国が限定的。 宝飾品需要もある。

おわりに
マネーリテラシーで広がる経済格差

お金に関する知識のことを「マネーリテラシー」といいます。日本の学校では教えてもらえないこの知識の有無で、これから経済的な格差は大きく広がるでしょう。

マネーリテラシーといっても、それほど高度なものではありません。リスクとリターンの関係をはじめとする金融の基本。最新の金融商品を含めた投資商品の選択。さらに、それらをどのようにして組み合わせて管理していくかの仕組み作り——後は実践するかどうかにかかっています。

お金は人生の目的ではありませんが、人生の夢や目標を実現するためには、なくてはならないものです。自分が働くだけではなく、お金に働いてもらう仕組みを作っていくことが大切です。

お金がなくても投資家になれる

お金に働いてもらうには、お金がないと無理だと思っている人がいるかもしれませんが、そうとは限りません。お金がないから投資ができないというのは「言い訳」です。

たとえば本書で紹介した投資信託は100円から投資することができます。

少ない金額でも始めることで意識が変わり、それが人生を変えることにつながっていくのです。

投資で大切なのは「正しい方法で早く始めること」

お金の増やし方には失敗しにくい「正しい方法」があります。

書店にはたくさんのお金に関する書籍が並んでいますが、私に言わせればその8割以上は、むしろ有害です。投資の実務経験のない人、自分でも投資したことのないような人が書いた本は、参考にならないのです。

正しい知識とともに必要なのは、早く始めることです。資産が増えるには時間がかかります。ワインが熟成するように、資産も時間をかけて育てる必要があるのです。早ければ早いほどよいのは、投資にかける時間を長くすることができるからです。

本書には、そのために必要な情報がすべて盛り込まれています。あとは、読者のあなたのアクションにかかっています。

お金の悩みから解放されるために

私の人生のミッションは、「正しいお金との付き合い方を伝えることで豊かな人生を実現する」お手伝いをすることです。代表を務める株式会社資産デザイン研究所を通じ、個人投資家へのセミナー、講演、コンサルティングといった仕事を続けています。

毎週金曜日に無料で配信しているメールマガジン「資産デザイン研究所メール」では、お金に関する最新の情報を提供しています。配信を開始してもうすぐ8年ですが、購読者数は４万９０００名を超えました。お金に関する正しい知識へのニーズの高さを感じます。

資産運用というのは、株式や投資信託のような金融資産だけを対象にするものではありません。本書で紹介したように実物資産も組み合わせ、一人一人に最適な資産の構成を探していくことが重要です。

銀行、証券、不動産会社、商品取引会社といった縦割りの業態の金融業界からは、残念ながら、トータルにバランスよく資産を考える知恵は得られません。すべての投資対象をリスクとリターンの観点から分析し、最適な方法を考えていくことが重要です。

本書で紹介している資産運用の方法は、私自身が実践してきたことをベースにしています。絶対に成功する保証はできませんが、無責任に書いているわけではありません。私と同じように「投資家」になることによって、お金の悩みから解放される具体的な方法を提案しています。

本書がきっかけとなって、日本人の個人金融資産が有効に活用され、一人でも多くの人がお金の不安から解放されれば、著者としてこれ以上の喜びはありません。

初めての人のための資産運用ガイド[図解ハンディ版]

発行日　2020年11月20日　第1刷
　　　　2021年 4 月 5 日　第4刷

Author　内藤忍

Book Designer　【表紙】小口翔平(tobufune)
【本文・DTP】伊延あづさ　佐藤純(アスラン編集スタジオ)
【マンガ】横ヨウコ

Publication　株式会社ディスカヴァー・トゥエンティワン
〒102-0093　東京都千代田区平河町2-16-1 平河町森タワー11F
TEL　03-3237-8321(代表) 03-3237-8345(営業)
FAX　03-3237-8323
http://www.d21.co.jp

Publisher　谷口奈緒美
Editor　原典宏
編集協力:清友真紀　青木啓輔(アスラン編集スタジオ)

Store Sales Company　梅本翔太　飯田智樹　古矢薫　佐藤昌幸　青木翔平　小木曽礼丈　小山怜那　川本寛子　佐竹祐哉　佐藤淳基　竹内大貴　直林実咲　野村美空　廣内悠理　高原未来子　井澤徳子　藤井かおり　藤井多穂子　町田加奈子

Online Sales Company　三輪真也　榊原僚　磯部隆　伊東佑真　川島理　高橋雛乃　滝口景太郎　宮田有利子　石橋佐知子

Product Company　大山聡子　大竹朝子　岡本典子　小関勝則　千葉正幸　原典宏　藤田浩芳　王廳　小田木もも　倉田華　佐々木玲奈　佐藤サラ圭　志摩麻衣　杉田彰子　辰巳佳衣　谷中卓　橋本莉奈　牧野類　三谷祐一　元木優子　安永姫菜　山中麻吏　渡辺基志　小石亜季　伊藤香　葛目美枝子　鈴木洋子　畑野衣見

Business Solution Company　蛯原昇　安永智洋　志摩晃司　早水真吾　野﨑竜海　野中保奈美　野村美紀　林秀樹　三角真穂　南健一　村尾純司

Ebook Company　松原史与志　中島俊平　越野志絵良　斎藤悠人　庄司知世　西川なつか　小田孝文　中澤泰宏

Corporate Design Group　大星多聞　堀部直人　村松伸哉　岡村浩明　井筒浩　井上竜之介　奥田千晶　田中亜紀　福永友紀　山田諭志　池田望　石光まゆ子　齋藤朋子　福田章平　俵敬子　丸山香織　宮崎陽子　青木涼馬　岩城萌花　内堀瑞穂　大竹美和　越智佳奈子　北村明友　副島杏南　巽菜香　田中真悠　田山礼真　津野主揮　永尾祐人　中西花　西方裕人　羽地夕夏　平池輝　星明里　松川実夏　松ノ下直輝　八木眸

Proofreader　文字工房燦光
Printing　大日本印刷株式会社

ISBN978-4-7993-2690-9